계간 **일곱번째
나라**

계간 일곱번째 나라

2025.겨울

Sync&Hows

한국형 뉴딜 연합으로
담대한 뉴딜 시대를 시작하겠습니다.
제7공화국의 문을 열겠습니다.

일곱번째나라LAB은
링크탱크(Link Tank)입니다.

새로운 생각과 담론을 연결하고,
가치와 같이를 연결합니다.
다름과 다양성을 연결합니다.
정치와 사람을 연결하고,
희망과 미래를 연결합니다.

로고 소개

7 일곱 번째 대한민국,
완전히 새로운 제7공화국을 의미합니다.

바람과 물결 여러분의 참여를 표현했습니다.
참여가 바람에 휘날리고 물결이 흐르는
상상력을 담았습니다.

깃발 한국형 뉴딜 연합이 들어 올릴
모두를 위한 깃발을 형상화했습니다.

일곱번째나라 한글의 조형을 조합형으로 그려서
새로운 글자체를 만들었습니다.
똘레랑스, 연대와 포용, 상생과 통합의 의미입니다.

LAB 일곱번째나라LAB은 정치벤처입니다.
뉴딜 연합이라는 제3의 길을 걸으며
새 비전, 새 가치, 새 정책, 새 진보,
새 정치를 생산하고 담대하게 도전하는
정치 팹랩, 미래 제작소입니다.

일곱번째나라LAB 창립기념 심포지엄

일시_ 2025년 1월 23일 오후 2시
장소_ 노무현시민센터 다목적홀 가치하다

탄핵너머
다시 만날 민주주의

한국형 뉴딜 연합의 제안
: 민주주의·사회계약 편

발제_ 신진욱_ 중앙대학교 사회학과 교수
정치토크_ 이철희_ 전 청와대 정무수석
　　　　 김은지_ 시사IN 기자
　　　　 배종찬_ 인사이트케이연구소장

함께하는 곳_ 　일곱번째나라.LAB

한 달이면 된다던 거짓말
계획이 어긋났다

제29회 부산국제영화제 3관왕

뉴 커런츠상 · KB 뉴 커런츠 관객상 · 아시아 영화진흥기구 (NETPAC)상

아침바다 갈매기는

윤주상 · 양희경 감독 박이웅 《불도저에 탄 소녀》 제공/제작 고집스튜디오 배급 (주)트리플픽처스 12세이상관람가

The Land Of Morning Calm

2024.11.27

한반도평화포럼
신년 토론회

2025 한반도, 봄은 오는가?

2025년 1월 22일(수) 13:30~16:00
노무현시민센터 다목적홀

후원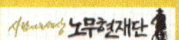

더 많은 꿈이 현실이 될 수 있도록,
당신의 희망을 나눠주세요.

희망제작소
The Hope Institute

Together

> 후원회원 신청

02-6395-1415
give@makehope.org

> 후원계좌
하나은행 271-910002-36004
예금주: 희망제작소

> 희망제작소는

- 시민과 함께 사회혁신을 실천하는
  싱크앤두탱크 Think & Do Tank 입니다.

- 우리 사회의 크고 작은 의제의
  정책적 대안을 연구하고 실천하는
  민간독립연구소입니다.

· www.makehope.org
· facebook@hopeinstitute
· 02-3210-0909

"
책의 힘을 믿습니다.
책은 더디더라도
세상을 바꿔 나간다고 믿습니다.
"

문재인

◉ 영업시간
화 ~ 일 10:00~18:00 (3월~10월)
　　　10:00~17:00 (11월~2월)
매주 월요일 휴무

☎ 055-366-2301　🏠 www.psbooks.kr
📷 인스타그램 @pyeongsanbooks　📘 페이스북 '평산책방'
💬 카카오 채널 '평산책방'

평산책방 책친구

SINCE 2017

노무현 리더십학교

\# **학습**하고 **생각** 하는 시민
\# **정치적 사고**와 **행동**하는 시민

88

내일을 여는

작가

권두산문 | 고영직
신경림 시인을 추모하며 | 염무웅 서홍관 이경자
기획특집 신경림을 바라보다 | 고봉준 박다솜 김주대 김건영 최지인
시 | 김은후 김혜린 서이령 이민숙
동시 | 김응 박예분
시조 | 김보람 김태경
소설 | 도재경 진연주
동화 | 김은중
제30회 한국작가회의 전국청소년백일장

한국작가회의

내일을 여는 작가
정기구독 안내

국내 대표적인 문인단체인
한국작가회의 반 연간 문학잡지!
당대의 구체성에서 비롯한 새로운 문학 창조를 위해
새롭고 진지한 발걸음을 계속해 나갈
『내일을여는작가』 정기구독 회원을 모집합니다.

정기구독료
1년 2회 24,000원 → 20,000원
2년 4회 48,000원 → 40,000원
(신청 즉시 발송해드리며 우송료는 본회에서 부담합니다.)

계좌번호
우리은행: 845-05-000551
예금주: (사)한국작가회의
(구독신청은 아래의 전화나 이메일로 해주시고 지정 계좌로 입금하시면 됩니다.)

구독 문의 및 신청
홈페이지   www.hanjak.or.kr
전   화   02) 313-1486~7
이 메 일   hanjak1118@hanmail.net
팩   스   02) 2676-1488

한국작가회의

복지국가청년네트워크는

보다 나은 미래를 준비하며 복지국가를 꿈꾸는 청년과 시민들의 네트워크입니다.
자유와 평등, 사회정의, 사회적 연대가 실현되는 사회를 위한 청년들의 역할을 고민합니다.
'청년이 하는 복지국가운동'을 지향하며 우연히 만나, 어느덧 13년째 함께 활동하고 있습니다.

✻ 청년당사자들이 겪고 있는 사회문제(교육, 일자리, 주거, 노후, 사회안전망 등)을 청년의 시각에서 바라보고 해결방안을 적극적으로 모색합니다.

✻ 세대 내 연대와 다른 세대와의 세대 간 적극적 연대를 통해 한국 사회에 잠재된 많은 불안 요소들을 점진적으로 해결하고자 합니다.

✻ 대한민국 미래 사회의 구성원으로서 책임의식을 가지고 앞으로 도래할 미래 사회의 정치, 경제, 분배 체계의 급격한 변화를 지속적으로 모니터링하고, 이에 걸맞은 사회적 대안을 마련합니다.

연구 및 운동 단체로서 세대 간 연대, 불평등과 빈곤, 돌봄, 성평등에 관해 연구합니다. 청년정책전달을 실천하며 도출한 정책을 제안합니다. 공적연금, 채용성차별, 돌봄과 관련한 연대체에서 다양한 활동을 펼치고 있습니다.

wsyn.kr   contact: welfarestatenetwork@gmail.com

복지국가청년네트워크는 '지금, 여기'에서 함께 꿈을 꿉니다.
우리의 미래를 우리의 손으로 직접 만들며 나아갑니다.

한국 공직사회와
공무원에 관한 폭탄과 같은 책,

『나라를 위해서 일한다는 거짓말』

노한동 지음 | 284페이지 | 사이드웨이

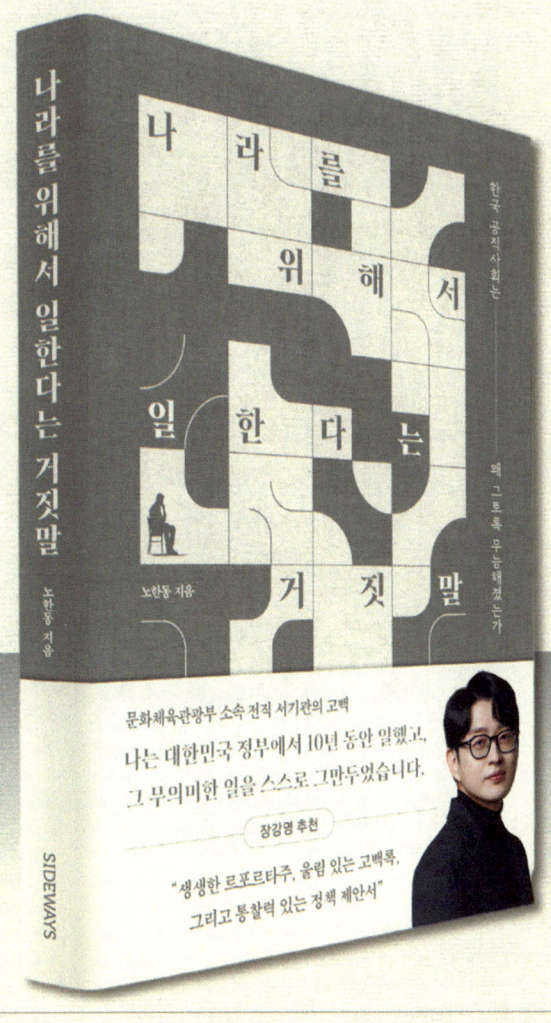

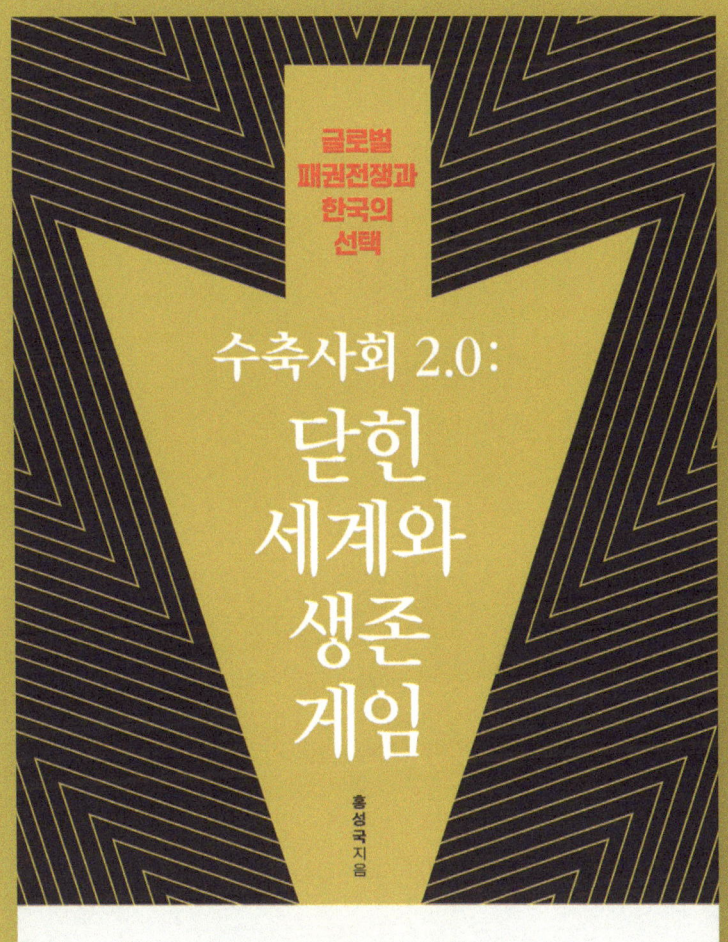

글로벌
패권전쟁과
한국의
선택

수축사회 2.0:
닫힌
세계와
생존
게임

홍성국 지음

충격적인 미래 예측서 《수축사회》 이후 5년,
이제 생존을 위한 격투의 시대가 열린다!

메디치

탄핵 너머, 다시 만날 민주주의

한국형 뉴딜 연합의 제안
: 민주주의·사회계약 편

목 차

민주주의 편

한국 민주주의 퇴행의 현주소와 원인, 개혁과제 _24
| 신진욱

계엄이 던진 두 개의 과제 _38
| 박원호

'도전자'가 된 MZ, 윤석열이 준 시대의 선물 _48
| 조대엽

개헌과 선거제도 개혁은 함께가야 한다 _56
| 이선우

권력 개혁과 민주진보 세력의 다수화 전략 _66
: 제7공화국을 만들자
| 황운하

한국형 뉴딜 연합과 사회대계약 _76
| 박광온

유능한 민주주의 _90
| 이철희

우리가 다시 만드는 민주주의 _102
| 박성민

사회계약 편

정권교체가 실망으로 반복되지 않기 위해 _112
| 윤홍식

역량 기반의 지속 가능한 성장 _124
: 전환적 신경제 패러다임
| 주병기

한국형 뉴딜 연합의 조세재정 개혁 _140
| 정세은

좋은 복지국가를 위한 새로운 사회계약 _150
| 김연명

새로운 시대, 정의로운 노동 _166
| 정흥준

돌봄 중심, 복지국가 재편이 필요하다 _176
| 김진석

두 개의 거대한 촛불, 이번엔 회군하면 안 된다. _190
: 대선공약, 대한민국 2050공론화위원회
| 최정묵

필진 소개

신진욱

중앙대 사회학과 교수로 재직 중이며 <소셜 코리아> 자문위원이다. 민주주의, 시민사회, 사회운동, 불평등 문제를 연구한다. <한국정치 리부트>, <그런 세대는 없다>, <다중격차>, <한국의 근대화와 시민사회> 등의 저서와 공저를 냈다.

박원호

서울대 정치외교학부 교수이며 기획처장을 맡고 있다. 2024년 한국정당학회장을 역임했으며 현재 중앙선관위 여론조사 심의위원이다. 연구분야는 방법론, 투표행태, 선거제도이다. 주요 논저로는 <한국정치의 재편성과 2017년 대통령선거 분석>(공저), <공존과 지속: 기술과 함께하는 인간의 미래>(공저) 등이 있다.

조대엽

고려대 사회학과 교수로 재직 중이고 포럼 사의재 공동대표와 사단법인 선우재 이사장으로 활동 중이다. 고려대학교 노동대학원장과 노동문제연구소장, 한국사회연구소장 등을 맡았고, 대통령 직속 정책기획위원장, 국민경제자문회의 민생분과 의장 등을 역임했다.

이선우

전북대 정치외교학과 교수이다. 관심 영역은 비교정치 분야 가운데서도 정부형태(권력구조), 정당, 관료기구 등 정치제도 전반이다. 한국정치학회 연구이사, 한국정당학회 총무이사, 한국선거학회 연구이사 등을 역임했고, 주요 논저로는 <정치양극화 시대 한국 민주주의의 발전 방안>(공저), '한국 대통령제의 탄생', '단순다수제와 대통령제의 비조응성' 등 다수가 있다.

황운하

경찰대학 1기 출신으로 34년간 경찰에 재직했다. 2012년 '영장청구권에 관한 연구'로 법학 박사 학위를 받는 등 경찰 수사권 강화와 수사기관 개혁을 위해 일선에서 노력해 왔다. 제21대 총선에서 민주당 소속으로 대전에서 출마해 당선되었고 제22대 총선에서 조국혁신당 비례대표로 출마하여 재선 국회의원이 되었다. 현재 조국혁신당 원내대표로 검찰개혁을 주도하고 있다.

박광온

MBC 기자 출신으로 보도국장을 역임했고, 9시 뉴스데스크 앵커와 100분 토론 진행자를 맡았다. 2012년 문재인 대선후보 대변인으로 정치에 입문했고, 3선 국회의원을 지냈다. 대표 입법 활동으로 우리나라 최초의 아동수당과 난임치료휴가, 국민취업지원제도를 도입했다. 국회 법제사법위원장을 맡아 검찰개혁 법안을 통과시켰다. 더불어민주당 원내대표를 맡았으며, 지금은 일곱번째나라LAB 대표로 활동 중이다.

이철희

JTBC 썰전에서 정치평론을 하다 제20대 국회의원이 되었다. 문재인정부의 마지막 청와대 정무수석을 지냈다. '1인자를 만든 참모들' '정치가 내 삶을 바꿀 수 있을까' 등의 책을 냈고, '진보는 어떻게 다수파가 되는가' 등의 역서가 있다.
2020년 '대통령 탄핵 결정요인 분석: 노무현 대통령과 박근혜 대통령 탄핵 과정 비교'로 정치학 박사 학위를 받았다. 현재 일곱번째나라LAB 이사를 맡고 있다.

박성민

문재인정부 청와대 청년비서관, 더불어민주당 청년대변인과 최고위원을 역임했다. 청와대 비서관 시절 국가장학금 확대 및 청년 월세지원 정책 등이 담긴 청년 특별대책, 자립준비청년(보호종료아동) 지원 강화대책을 만드는 데 기여했다. 가족돌봄청년(영케어러) 실태조사 및 지원정책 수립계획을 제안하는 등 청년들의 삶을 촘촘히 또 너르게 살피는 데 관심이 많다. 일곱번째나라LAB 이사를 맡고 있다.

윤홍식

인하대 사회복지학과 교수이며 복지국가재구조화연구센터장을 맡고 있다.
복지국가를 정치, 경제, 복지의 통합적 관점에서 살펴보는 것에 중점을 두고 있다.
한국사회정책학회장, 참여연대 사회복지위원장으로 활동했고, 주요 저서로
<한국 복지국가의 기원과 궤적>(1~3), <이상한 성공>,
<성공의 덫에 빠진 대한민국> 등이 있다.

주병기

서울대 경제학부 교수로 서울대 경제연구소 분배정의연구센터 소장을 맡고 있다.
미 캔자스대에서 재직했으며 한국응용경제학회장,
<Journal of Institutional and Theoretical Economics> 편집장 등을 역임했다.
주요 저서로 <분배적 정의와 한국사회의 통합>, <정의로운 전환>, <정책의 시간>,
<혁신의 시작> 등이 있다.

정세은

충남대 경제학과 교수이며 참여연대 조세재정개혁센터 부집행위원장,
민주평등사회를 위한 전국교수연구자협의회2.0 공동의장으로 활동하고 있다.
'한국경제 성장과 분배 선순환'을 중심으로 연구하며 최근에는 에너지 공공성에
대해서도 연구 중이다. <한국의 불평등:현황, 이론, 대안>,
<에너지전환과 전력산업 구조개편> 등을 공저했다.

김연명

중앙대 사회복지학과 교수로 연금제도와 복지국가를 오랫동안 연구해 왔다. 참여연대 사회복지위원회 위원장을 역임하는 등 시민사회에서 복지국가 운동에 매진했다. 한국사회복지정책학회장, 비판과 대안을 위한 사회복지학회장을 역임했으며, 문재인정부 청와대 사회수석을 맡아 혁신적 포용국가 비전을 제안하고 추진했다. 일곱번째나라LAB 이사를 맡고 있다.

정흥준

서울과학기술대학교 경영학과 교수로 <소셜 코리아> 편집위원이다. 대통령소속 경제사회노동위원회 수석전문위원으로 활동했다. 간접고용 비정규직과 노동조합 등에 관해 연구하며 노사관계와 기업의 사회적 책임을 강의하고 있다. 주요 저서로 <오줌 인형 잡기:콜센터 노동실태와 정책대안> 등 다수의 편저가 있으며, 국내외에서 50여 편의 논문을 출판했다.

김진석

서울여자대학교 사회복지학과 교수이다. 돌봄과 사회서비스, 복지국가를 주요한 연구분야로 삼고 있으며, 현재는 기후위기시대 복지국가 고쳐쓰기를 고민하고 있다. 한국사회복지행정학회, 한국아동복지학회의 학회장을 역임했으며, 현재 참여연대 공동집행위원장으로 활동하고 있다.

최정묵

지방자치데이터연구소 소장이며 비영리공공조사네트워크 공공의창 간사로 활동하고 있다. 관심 영역은 사회문제 해결을 위한 데이터 분석, 증거 기반의 경험주의 정치 연구 등이다. 국민권익위원회 위원, 대통령직속 정책기획위원회 위원, 한국지능정보사회진흥원 이사로 활동했고, 주요 저서는 <국민집권전략>, <골목지리학의 탄생>, <한국인의 생각2> 등이 있다.

일곱번째
나라
계간

민주주의 편

❶ 한국 민주주의 퇴행의 현주소와 원인, 개혁과제
　신진욱

❷ 계엄이 던진 두 개의 과제
　박원호

❸ '도전자'가 된 MZ, 윤석열이 준 시대의 선물
　조대엽

❹ 개헌과 선거제도 개혁은 함께가야 한다
　이선우

❺ 권력 개혁과 민주진보 세력의 다수화 전략
　: 제7공화국을 만들자
　황운하

❻ 한국형 뉴딜 연합과 사회대계약
　박광온

❼ 유능한 민주주의
　이철희

❽ 우리가 다시 만드는 민주주의
　박성민

1. 한국 민주주의 퇴행의 현주소와 원인, 개혁과제

신진욱

중앙대학교 사회학과 교수

'12.3', 갈림길에 선 위기의 한국

　2025년을 시작하는 지금, 한국사회가 놓인 시대상황을 가장 잘 집약하는 단어는 '위기'일 것이다. 2024년 12월 3일에 일어난 내란 쿠데타는 무엇보다 '민주주의의 위기'였다. 하지만 그것이 전부가 아니다. 한국사회는 또한 법치·거버넌스·경제·외교·안보, 가치와 규범을 망라하는 총체적 위기에 빠져 있다. 하나의 '사회'로서 통합력과 방향성을 잃고 해체되는 중이라는 뜻이다. 1987년 민주화 이후 대한민국이 이 정도로 깊은 위기의 골짜기로 추락한 것은 처음일 것이다.

　계엄 당시에 군 참수 부대의 국회 난입, 체포조의 주요 인사 납치와 고문 작전, 국회의장과 양대 정당 대표의 사살 계획 등은 많은 사람이 지금껏 당연시해 온 어떤 '전제'가 무너져 내리는 경험을 하게 했다. 사람들은 이제 한국사회가 법·자유·평화·인권·생명 같은 기본 가치들이 존중되는 사회가 아닐뿐더러 바로 대한민국 국가와 정치엘리트들이 그것을 파괴하는 주범이라는 사실을 두 눈으로 보았다. 우리가 사는 사회에 대한 신뢰가 무너졌다.

　12.3 쿠데타로 사회가 이토록 심대한 위기에 처했음에도 불구하고 더한층 깊은 위기는 그것의 잘잘못을 따지는 규범적 판단에서 사회적 합의가 2016~17년 박근혜 탄핵 때보다 훨씬 더 약하다는 데 있다. 국민의힘과 정부 각료들, 수많은 극우 단체, 적잖은 대형교회 목사들과 대학교수들, 그리고 보수 유권자의 절반 이상이 계엄령과 윤석열을 비호하고

있다. 지금 한국사회의 위기는 매우 깊고 위중하며 결코 광폭한 대통령 한 명이 바뀌어 해결될 문제가 아니다.

'위기(crisis)'의 본질은 치명적인 '갈림길'에 놓여 있다는 데 있다. 독일의 역사학자 라인하르트 코젤렉이 서구 역사의 사례를 수행한 연구에 따르면, 고대부터 법률, 신학, 의학에서 위기라는 용어는 그것은 정의/불의, 구원/타락, 생/사가 결정되는 상황을 뜻했다. 근대의 시대를 연 혁명적 시기에는 위기가 더 나은 미래로 진보하기 위한 전환의 계기로 여겨지기도 했지만, 만약 위기 이후에 그런 미래가 보장된 것이 아니라면 위기란 너무나 불안하고 긴장되는 운명의 기로와 같은 것이다. 위기의 시간 동안 누가 사회의 방향타를 잡느냐, 또는 누구도 방향타를 잡지 못한다면 사태의 전개가 어느 방향으로 흐르느냐에 따라 그 사회의 운명이 결정된다. 지금 한국은 어떤 갈림길에 서 있으며, 왜 거기에 오게 되었고, 어디로 가야 하는가?

윤석열 정권하의 민주주의 퇴행

2022년 집권 초반부터 윤 정권은 극우(이념성), 반노동(계급성), 검찰(권력자원) 정권으로서 성격을 분명히 드러냈다. 대통령은 야당과 여론을 무시하고 겁박하면서 자신의 의지만을 관철하려 했고, 극우 인사들을 고위공직에 대거 임명했으며, 국가기관의 조직지도부를 심복들로 채워갔다. 2024년 총선에서 야당의 압승, 그리고 그 후 김건희 여사의 뇌물수수 및 공천개입 스캔들, 명태균 게이트 등으로 정권의 정당성이 더 이상 지탱할 수 없을 만큼 추락했을 때 대한민국의 국가조직은 이미 집권세력이 비상계엄과 같은 극단적 대응을 실행할 수 있는 조건이 되어 있었다.

이 시점에 많은 국제적 기관은 한국의 민주주의와 자유, 인권의 급격한 후퇴를 우려하면서 '독재화'의 가능성을 경고하고 있었다. 스웨덴에 소재한 저명한 민주주의 연구기관인 민주주의 다양성 연구소의 연례보고서에서 2019~2021년 한국의 민주주의 지수는 세계 17~18위를 유지했으며 일본·대만·프랑스보다 높았고 미국·캐나다보다는 월등히 높았다. 하지만 윤석열 정부 2년 차인 2024년 보고서에서 한국의 민주주의 지수 순위는 세계 47위를 기록했고, 발전된 민주주의 나라들 가운데 유일하게 급격한 '독재화(autocratization)'가 진행 중인 것으로 평가되었다.

한국의 민주주의 수준은 중남미와 비교되는 위상이 되었는데, 상당히 민주주의 수준이 떨어지는 자메이카·수리남 같은 나라들이 한국보다 더 민주적인 나라로 평가받았고, 칠레와 우루과이는 한국보다 월등히 민주적인 나라로 평가됐다. 특히 5개 평가 부문 중 한국의 국제 순위가 가장 낮은 것이 '선거 민주주의' 부문이었는데, 여기에는 표현·언론·결사의 자유 등 가장 기본적인 민주주의 지표들이 포함된다. 이 지점에서 민주주의가 가장 크게 추락했다면, 독재에 아주 근접했다는 심각한 경고등이 켜져 있었던 것이다.

한국 민주주의의 적신호는 그 밖에도 많은 기관에서 동시에 발신되고 있었다. 국경없는기자회가 매년 발간하는 언론자유도 평가에서 노무현 정부 때 세계 30위까지 오르기도 했던 한국은 2024년에 무려 62위로 추락했다. 그런데 놓칠 수 없었던 충격적인 사실은 한국보다 한 계단 위인 61위로 평가된 가봉이 조사 시점에 군사독재 하에 있었다는 것이다. 즉 윤석열 정권 2년 차에 한국의 자유도는 군사독재 국가만도 못한 것으로 평가받고 있었다. 그리고 그해가 가기 전, 4,700여 명의 군 정예부대와 경찰을 동원한 친위쿠데타와 독재 수립의 시도가 일어났다.

민주주의 퇴행의 복합적 원인

왜, 어쩌다가 이렇게까지 되었는가?
한국에서 민주주의 퇴행의 배경과 원인은 복합적이다.

첫째, 이번 사태 이후에 문제의 원인으로 가장 많이 거론되는 것이 대통령에게 과도하게 권력이 집중된 정치제도의 폐해다. 실제로 이 문제는 1987년 민주화 이후 줄곧 한국 민주주의의 취약성으로 가장 빈번히 지적되어 왔다. 정치지도자를 민주적으로 선출하긴 하는데 선거의 승자에게 너무 큰 권력이 주어지고 이를 견제할 힘이 약하다는 것이다. 물론 한국의 대통령제를 '제왕적'이라고 표현하는 데는 신중함이 필요하다. 미국에서 '제왕적 대통령제'라는 용어의 기원 자체가 반대 정당 대통령의 권력을 약화시키려는 정치적 수사의 성격이 있었을 뿐 아니라 한국에서 대통령의 권력을 제한하는 국회의 제도적 힘이 아주 약한 것도 아니다.

하지만 대통령은 광범위한 인사권, 무제한적 거부권, 행정부 입법권, 시행령 정치 등의 광범위한 권력자원을 보유하고 있다. 이를 통해 대통령은 정부 부처·검경·군·정보기관 등 국가기구를 정치 도구로 만들 수 있고, 정부의 지원·처벌 수단에 의해 사회 각 부문을 종속시킬 수 있다. 이런 구조에서는 만약 대통령으로 선출된 인물이 민주주의와 민관협치를 중시하는 인물이라면 그 방향으로 과감한 개혁을 할 수 있지만, 만약 대통령이 민주적 규범과 가치를 무시하는 인물이라면 이런 종류의 권력구조는 아주 위험해진다. 대통령의 권력은 '양날의 칼'인데 그 양면성이 너무 극단적으로 대조된다.

둘째, 그 같은 중앙집중적 권력구조 안에서 정치적 적대성과 극단주의가 증가하면 그 위험성이 배가된다. 사회집단들 간에 이념·문화·이해관계의 차이에 따른 거시적·구조적·지속적 균열(cleavages)은 현대 민주주의 정치의 보편적인 양상이며, 보다 근본적으로 그와 같은 갈등과 균열을 제도적 채널을 통해 표출하고 조정하는 것이 곧 민주주의 정치다. 그런데 지금 문제가 되는 정치 양극화는 상대 정파에 대한 증오와 불신이 민주적 규범의 준수보다 더 커지는 지점에서 발생한다. 즉 어떤 정치인·정당·정책이 너무 싫고, 그래서 심하게 다투는 것은 민주주의 정치에서 있을 수 있는 일이지만, '그러므로' 민주적 규범을 파괴해서라도 상대방의 권력을 박탈하거나 절멸시켜야 한다는 데까지 이르면 양극화는 독재화의 원동력이 된다.

특히 권력이 고도로 집중된 제도적 구조 안에서 이런 적대성의 격화는 집권 세력에게 부여되는 그 강대한 권력을 저쪽에 넘겨주는 것이 대단히 위험하다는 인식을 초래할 수 있다. 한국사회는 이 같은 쌍방적 증오와 두려움이 큰 상태였는데, 12.3 쿠데타는 그 지점에서 결정적인 '선을 넘어서' 민주주의와 법치·인권을 군사적 수단으로 파괴하는 방식으로 자신의 권력을 영구화하려는 시도였다. 12·3 쿠데타 이후 윤 대통령 탄핵 반대 여론이 30%에 이르는 현실은 보수 유권자층의 다수가 민주적 규범의 존중보다 상대 정당에 대한 증오가 더 큰 비민주적 정치문화를 갖고 있음을 보여준다.

셋째, 위와 같은 한국형 대통령제나 정치 양극화 등의 문제 틀은 한국사회의 오래된 문제점을 설명해주는 면이 있지만, 12.3 쿠데타의 가장 날카로운 지점을 놓친다. 즉 12.3 이후 설명되어야 하는 것은 단지 민주주의 '퇴행'이 아니라 민주주의 '전복'의 위험이다. 민주주의 체제를 전복하고 독재를 수립하려는 조직적인 시도가 어떻게 일어날 수 있었는지를 설명해야 한다는 것이다. 심지어 정치인·판사·언론인·종교인·노조 지도자들을 '수거·사살'하고, 야구 배트·송곳·망치로 고문하여 국회를 해산해서 독재 입법기구를 창설하려 했던 야만적인 시도가 어떻게 일어날 수 있었는가? 라는 완전히 새로운 질문이 우리 앞에 놓여 있다. 12.3 비상계엄은 이승만·박정희·전두환 시대의 냉전 반공주의 이데올로기와 국가폭력의 행동양식을 원형 그대로 복원했다. 이를 단순히 '대통령 한 사람 잘못 뽑아서'라는 식으로 윤 대통령 개인 성향으로 설명할 수 없다. 12.3 쿠데타의 공모자는 당·정·군·검·경·국정원·정부 부처의 수많은 권력자들, 그리고 그들과 연계된 사회 내의 극우 조직들과 목사·유튜버·무속인 등 인사들을 포함하기 때문이다.

　말하자면 12.3 쿠데타는 윤석열 대통령을 정점으로 한 거대한 극우 '세력'의 부상(浮上)을 뜻하는 것이다. 그러므로 12.3 쿠데타를 설명하는 데에서 '극우'라는 결정적 행위자를 빼놓고 여야 모든 정당과 정치인, 유권자들에게 해당될 수 있는 제도와 문화의 일반적 문제만을 거론하는 것은 그 한계가 크다.

　광복과 분단 후 독재 권력에 의해 대변되고 옹호되던 극우 세력은 민주화 직후부터 조직화를 했다. 이승만·박정희·전두환 시대의 반공단체에 뿌리가 있는 자유총연맹, 바르게살기운동본부, 한기총 등 단체들이 그때 창립됐다. 이후 김대중·노무현 정부에 반발하여 더 많은 우익단체가 생겨났다. 하지만 보수정치 주류가 군의 재정치화, 정치의 재군사화로 민주주의 헌정 자체를 위협하는 일은 없었다. 그러나 윤석열 정부에 와서 냉전반공 극우 담론과 세력이 완전히 보수정치 중심부로 들어오기에 이르렀다. 대통령제나 양극화 자체가 12.3의 발발을 충분히 설명해줄 수 없으며, 그 점에서의 개혁이 12.3의 재발을 막아줄 수도 없다. 민주주의와 인권을 애초부터 수용하지 않았으며, 자신들이 규정한 '적'의 기본권을 절멸하길 원했던 극우 세력이 한국 보수의 주류, 나아가 국가권력의 최고 지도부로 진입했다는 사실이야말로 12.3의 본질이다.

세계적 '신냉전'과 한국의 독재-전쟁 위험

12.3 계엄 이후 논의들은 대부분 이를 '한국 문제'로만 보고 있는데, 현재의 위기들이 국내적 사안에 그치지 않는다는 점을 잘 보아야 한다. 한국에서 군사주의적 반공·냉전 극우가 극도로 능동화·대중화되고, '보수' 정치를 궤멸시키면서 제도정치에서까지 주류화된 것은 2019년 하노이 회담 실패 이후 지난 불과 몇 년 사이의 일이다. 박근혜 탄핵 당시에 극렬한 탄핵 반대 운동들이 일어났지만 12.3 쿠데타를 박근혜 탄핵이 남긴 원한 때문으로 볼 수는 없다. 문재인 정부 2년 차인 2018년까지만 해도 대통령 국정 긍정 평가는 70%를 넘었다. 특히 남북 간 평화 정착에 대해 진보와 보수 시민들을 아우르는 합의가 있었다.

하지만 하노이 회담 실패 이후 남북·북미 관계가 단절되고 적대적 행위가 빈번해지면서 반문재인·반민주당 정서는 반공·반북의 프레임으로 결집되기 시작했다. 필자의 연구 결과에 의하면 강경 보수 시민들의 집회 시위 참여는 2019년부터 급증하여 진보층을 압도하기에 이르렀다. 그리고 2020년 시작된 코로나19 팬데믹 위기 동안에 정부의 방역·백신 정책에 대해 극우의 음모론적 가짜뉴스 콘텐츠와 전달 매체가 대대적으로 확대되었다. 문재인정권 후반기에 극우 세력의 급성장과 과격화는 국제적인 복합위기 환경에 직접적인 영향을 받은 것이다.

윤석열은 그런 시대적 환경에서 선택됐다. 2019년 이후 한반도 긴장

고조와 국내 정치 우경화라는 배경 위에서 윤 정권 첫해인 2022년에 러시아-우크라이나 전쟁 발발과 이후 서방과 한국의 우크라이나 지원, 2024년 북한의 두 국가론 공식화와 북한-러시아 밀착 등 국제정세는 한국 민주주의에 잠재적 위협을 점점 더 높이고 있었다. 이런 상황에서 윤석열과 그의 군부 파트너들은 국제적 군사 분쟁을 한반도로 옮겨 와서 독재의 기반 환경을 조성할 절호의 타이밍을 발견했다. 윤석열과 김용현이 서해상에 포를 쏘아대고, 무인 드론을 평양 상공에 보내면서 국내에선 쿠데타 준비를 본격화한 시점이 2024년이었던 것은 우연이 아니다.

바이든의 미국 정부는 계엄 선포와 민주주의 훼손에 대해 분명한 입장을 표했지만, 트럼프 시대에 미중·미북 관계 변화와 주한미군 철수 등 이슈가 첨예화되면 한국 내 반공·반북·반중 극우는 더욱 격렬해질 수 있고 보수층 내에 민주당 정권이나 진보 세력에 대한 불안이 극도로 고조될 수 있다. 그처럼 보수가 완전히 극우화된 상태에서 만약 다시 집권한다면 12.3보다 더 군사화되고 파시즘적인 독재 수립 시도가 일어날 수 있다.

민주주의와 인권, 평화를 위한 개혁과제

첫째, 권력 집중과 남용의 폐해를 예방, 저지하기 위한 정밀한 제도 개혁이 중요하다. 지금 현 대통령제 안에서의 권한 축소·결선투표제·내각제·양원제·책임총리제 등 다양한 제도적 대안이 토론되고 있다. 그런 논의가 중요하지만, 아울러 모든 정치제도는 각각의 장단점을 갖고 있고 비민주적 정치세력은 어떤 정치제도든 악용하거나 왜곡할 수 있으므로 제도의 디테일에 대한 특별한 관심이 필요하다.

오늘날 민주주의가 발달한 대다수 나라는 내각제지만, 역으로 내각제를 도입한다고 해서 민주주의가 발달하는 것은 아니다. 동유럽에서 헝가리·폴란드·슬로베니아 등 권위주의 체제거나 최근 심각한 민주주의 퇴행을 겪은 나라들도 모두 내각제·비례대표제다. 비민주적 정치권력은 대통령제든 내각제든 그것을 오용하거나, 무시하거나, 무력화할 수 있다. 따라서 어떤 제도이든 집권세력에 의한 제도의 오용과 권력남용을 예방하고 저지할 수 있는 제도적 장치들을 고민해야 한다.

헌법 77조와 계엄법 11조에 국회의 계엄 해제 요구권과 해제 요구 시 대통령이 지체없이 해제·공고해야 한다는 규정이 없었다면, 계엄 선포 자체의 위헌성에도 불구하고 12월 4일 새벽에 계엄군은 '합법을 주장하며' 주요 정치인을 체포·감금하고, 선관위원을 고문하여 부정선거를 선포한 뒤, 국회를 해산하고 독재 입법기구를 수립할 수 있었을 것이다. 그랬다면 대한민국의 역사는 아마 우리가 지난 한 달간 겪었던 것과 근본적으로 달랐을 것이다.

둘째, 제도 못지않게 행위자의 변화가 중요하다. 대통령제의 문제점이 있고, 서구의 발전된 민주주의 나라들은 대부분 의원내각제다. 하지만 한국과 같은 젊은 민주주의 체제인 동유럽 나라들은 서유럽의 의원내각제를 도입했지만, 그들 중 많은 나라는 권위주의화 되었다. 즉 정치

선진국의 제도를 정치 후진국이 도입한다고 해서 선진국을 따라 민주주의가 발전하는 것은 아니라는 것이다. 대통령제나 내각제나 나름의 약점을 갖고 있고, 비민주적 정치세력이 집권하면 어떤 정치제도든 그 제도의 약점을 악용하거나 제도를 무시할 것이다.

따라서 민주적 소양과 정책 역량을 가진 정치엘리트를 양성하고 이들이 정치계급의 상층에 도달할 수 있도록 하는 것이 중요하다. 그와 더불어 시민사회의 민주적 결사체들을 더욱 넓고 두텁게 만드는 것이 중요하다. 그동안 한국의 시민사회가 침체했느냐 확대되었느냐 논쟁들이 있었지만, 이번 시민집회에 등장한 셀 수 없이 많은 깃발은 전국 각지에 수만 개 이르는 시민사회 결사체들에서 온 것이었다. 이러한 결사체들의 인적·조직적 지속 가능성을 공고히 하는 것이 국가권력의 전제화에 맞서는 시민사회의 방벽을 만드는 길이다.

독일의 철학자인 에른스트 트뢸치는 1922년에 당시 최고 수준의 헌법 제도를 가졌던 바이마르 공화국에서 「민주주의자 없는 민주주의, 공화주의자 없는 공화국」에 관한 글을 썼는데, 그 요지는 민주주의나 공화국의 공식적 제도가 존재해도 사람들이 민주주의와 공화주의의 가치와 규범을 체화하지 못했다면 그 제도는 제대로 작동할 수 없다는 것이다. 이런 과제들은 큰 제도 개혁 못지않게 또는 어쩌면 그보다 더 중요할 수 있다.

셋째, 사회문화적인 측면에서 차별과 계급사회의 현실을 개선하는 것이 정치 민주주의에도 매우 중요하다. 이번 쿠데타에서 가장 경악스러웠던 부분은 계엄 선포라는 형식적 측면보다는 국민의 생명과 기본권을 전혀 중시하지 않는 폭력적 독재 구상이었다. 국민의 양심과 표현의 자유·집회의 자유·정치활동의 자유·언론출판의 자유를 군대의 힘으로 완전히 금지하고 통제하는 것을 아무렇지 않게 생각한 그 발상 자체가 너무나 충격적이다.

그 저변에 깔린 전제는 국민을 동등한 인간으로 생각하지 않고 '수거', '처리'할 비인간(subhuman) 존재로 간주하는 사고방식이다. 국가기관과 정치권력에 이런 시각이 만연해 있는 상태는 '제노사이드', 즉 특정 인종이나 민족, 또는 '빨갱이', '종북', '공산주의자' 등 이데올로기적으로 낙인찍은 집단에 대한 조직적 대량 살상의 잠재적 위험을 내포한다. 한국에서 정부·정당·군·기업·학계·종교 등 모든 부문의 상류층은 자기들이 속한 클래스 아래 사람들을 동등한 인간으로 대하지 않고 함부로 대하는 '갑질'의 행태를 보여왔다. 뿐만 아니라 평범한 사람들도 빈민·실업자·저학력자·여성·페미니스트·성소수자·장애인·이주자를 그런 식으로 '비인간화'하여 혐오한다. 이런 사회적 폭력에 아무런 문제의식이 없거나 심지어 그것을 동원·증폭하는 정치권력은 모든 시민에 대한 국가폭력에도 무감할 수 있다. 이처럼 국가폭력의 거악과 사회의 미시적 악들은 서로 연결되어 있기에 정치적 민주주의를 회복하고 방어하기 위한 노력은 사회의 모든 종류의 폭력과 차별, 불평등의 해결을 유예하는 것이 아니라 포함해야만 한다.

2.

계엄이 던진
두 개의 과제

박원호
서울대학교 정치외교학부 교수

시대를 잘못 찾아온 대통령의 계엄선포와 뒤이은 국회의 대통령 탄핵, 그리고 내란죄 수사를 위한 현직 대통령의 체포는 우리의 정치와 시민사회에 크나큰 파장을 안겨줬으며, 여전히 현재 진행형이다. 물론 탄핵이 헌법재판소에서 인용될 것인지, 내란과 관련된 대통령의 법적 책임이 어떻게 귀결될 것인지, 그리고 이것이 시민사회와 정당정치에 어떤 영향을 미칠지, 우리 앞의 정치일정이 어떻게 놓여질지, 너무나 많은 것들이 불확실하다.

그럼에도 불구하고 우리에게 지워진 과제는 미래를 준비하는 일이다. 왜 우리 정치공동체는 이런 경험을 하게 되었고, 미래에 이런 불행을 피하는 방법은 무엇인가? 어떻게 하면 우리의 민주주의를 보완하고 영속하게 만들 수 있을까? 우리의 무엇을 고치고 바꿔야 하는가? 우리 정치공동체가 앓고 있는 불행의 근원은 무엇인가?

이런 질문들에 대한 손쉬운 답변이 있다고 생각하지는 않는다. 이 지면에서도 사실 우리가 처한 딜레마들에 대한 거친 스케치를 시도해 볼 따름이다. 그러나 너무 성급하고 단선적인 '처방'은 오히려 독약이 될 수도 있으며, 그보다는 차라리 우리 앞에 놓인 과제들을 잘 정의하는 것이 더 중요하다는 생각이다.

나는 우리 앞에 던져진 문제들을 '제도'와 '문화'의 관점에서 바라볼 수 있다고 생각한다. 우리 정치의 문제가 정치제도, 혹은 정치구조 때문이라는 주장이 있을 수 있다면, 그 반대편에는 우리의 정치문화가 문제라는 주장이 가능할 것이다.

좀 더 구체적으로 말해 첫째, 우리 헌법과 정치구조에 매우 근본적인 문제가 있어 적극적인 제도 개혁, 특히 개헌과 선거제 개혁이 시급하다는 주장이다. 둘째는 이번 계엄사태의 핵심에 있다고 볼 수 있는 가짜뉴스와 음모론적 정치문화를 우리 공동체가 어떻게 극복할 것인가라는 질문이다.

제도의 과제: 정치구조를 어떻게 바꿀 것인가

차제에 개헌과 정치구조 개혁을 추진해야 한다는 주장들이 먼저 들린다. 사실 '87년 체제'가 낡았기 때문에 새 헌법과 새 정치질서가 필요하다는 이야기는 이미 오래되었으며, 구체적인 개헌안(예컨대 2018년 대통령 발의안이나 2016년 대화문화아카데미 등)들이나 선거제 개혁에 대한 논의도 많은 진척이 되어 있다. 다만 합의점을 찾기가 어려웠을 따름이다.

엄밀히 말해 이번 계엄사태는 사람들이 생각하는 것과 정반대로 기존 개헌과 정치개혁 논의를 심각하게 헝클어트렸다. 윤석열이 계엄을 선포한 것은 우리 '헌법 때문'에 일어난 일이 아니라 우리 '헌법에도 불구하고' 일어난 일, 즉 위헌적인 계엄이었기 때문이다. '제왕적 대통령제' 때문에 계엄이 일어난 것이 아니라 '제왕적 개인'이 자신을 제한하는 제도적 틀이 답답해서 혹은 제도가 충분히 '제왕적'이지 않아서 일으킨 사건인데, 갑자기 '제왕적' 대통령제를(그 제도적 틀을) 고쳐야 한다고 하면 틀린 말이다. 비유하자면 교통사고를 당한 사람에게 다친 김에 뇌수술을 하자는 것과도 같다.

그러나 우리 정치체제가 '뇌수술'이 필요한 것도 부인할 수 없는 사실이다. 왜 우리 정치체제는 극단적으로 부적절한 대통령들을 자꾸 탄생시키는가? 왜 우리 정치체제는 끊임없이 적대적이면서도 공생적인 양당제와 정치양극화를 만들어 내는가?

이러한 질문들에 대한 답변은 상당 부분 진척이 된 것도 사실이며 그 해답이 주로 헌법과 선거제도, 특히 우리 대통령과 국회의원의 선출방식인 단순 다수제와 관련이 있다는 것에는 학계가 의견을 모으고 있다. 그러나 계엄이(혹은 '교통사고'가) 이런 정교해야 할 논의를 정치적 국면으로 끌고 들어가게 된 것이다.

일정의 문제도 생각하지 않을 수 없다. 현시점에서 만약 탄핵이 인용되어 대선이 곧 치러진다고 해도 현실적으로 대통령선거 이전에 개헌과 선거제를 바꾸는 것은 어려울 것이고, 대통령 당선 이후에는 더 어려울 수도 있다. 개헌이나 선거제 개혁의 시기는 강력한 리더십을 지닌 대통령의 임기 초반에 진행되어야 한다는 것을 상기한다면 다음과 같은 결론에 이른다. 다가올 대통령선거를 개헌과 정치개혁에 대한 공약들을 중심으로 치르게 하고, 당선된 대통령에게 그 공약을 지키게 만드는 것이다. 2018년도 개헌국면의 오류를 다시 범하지 말자는 의미이다.

개헌을 어렵게 만드는 가장 핵심적인 이유를 한 개만 고르라면 나는 단연코 '전문(前文)'이라고 답하겠다. 우리가 개헌이라고 하면 완전한 백지 위에 전문에서 시작하여 모든 것을 재규정하는 전면개정을 생각하기 때문이다. 그리고 개헌논의가 항상 헌법전문에 무엇이 포함되고 무엇이 빠져야 되는지에 대한 논의를 하다가 보통 합의에 이르지 못하는 것을 너무나 많이 보아왔다. 정작 중요한 핵심 규정에는 이르기도 전에 말이다.

이런 생각의 정반대 지점에 미국 헌법의 'amendment'가 있다. 통상 수정헌법이나 수정조항으로 번역되며 헌법 본문 뒤에 미국 헌법은 현재 27개나 되는 수정조항들이 달려있다. 이를 가장 잘 번역한 이는 아마 노무현대통령이었을 것이며, 그것이 이뤄지지는 않았지만 '원포인트 개헌'이라는 말로 우리 정치사에 남았다. 헌법을 근본에서부터 새로 쓰는 것보다 한 개의 조항을 수정하는 극히 제한된 부분개정의 개념인 것이다.

그래서 대통령선거를 '당선 후 즉각' 개헌논의를 시작하겠다는 공약으로 치러서는 안 된다. 헌법의 어떤 부분을 어떻게, 왜 바꿀 것이며, 우리 선거제의 어떤 부분을 어떻게 바꾸겠다는 '이유와 내용'을 가지고서 대통령선거를 치러야 한다. 반대로 헌법을 백지에 새로 쓰는 것은 반드시 헌법 전문을 어떻게 할 것인지에 대한 논쟁을 거쳐야 하며, '국민'을 '인간'으로 바꾸는 논쟁을 거쳐야 할 것이다. 그런데 이것은 논쟁의 1%에 불과하다. 개정절차가 어려운 개헌시장이 열리면 온갖 이슈와 아젠다들이 밀려 들어올 것이기 때문이다. 임기 초 대통령의 강력한 리더십 자원을 이렇게 소진할 정치인은 없다. 1,000개의 합의점이 존재하는 연합을 찾는 것보다는 1, 2개의 합의점이 존재하는 다수연합을 구성하는 것이 훨씬 더 쉽다는 것은 정치의 기본이며, 이런 개헌의 1, 2개 '포인트'들을 대선 기간에 미리 정하자는 말이다.

마지막으로 제도 개혁으로 모든 문제가 해결되지는 않는다는 당연한 말을 해야겠다. 제도 개혁에는 플러스와 마이너스가 같이 붙어 있다는 것, 항상 예상하지 못하는 결과가 도사리고 있다는 것, 한 나라에서 최선의 제도가 다른 정치문화에서는 최악의 제도가 될 수도 있다는 것을 상기하지 않으면 안 된다. 혹시 우리가 헌법과 법령을 바꾸고 제도를 건드리는 것은 가시적인 '성과'를 낼 수 있는 것이 그것밖에 없어서가 아닌가, 늘 성찰해야 한다. 그래서 우리는 정치제도 바깥의 세상, 정치문화의 문제를 여기서 말하지 않을 수 없다.

문화의 과제: 음모론을 어떻게 넘어설 것인가

이번 계엄사태 이후 가장 걱정스러운 부분은 사실 음모론과 가짜뉴스의 영역이다. 돌이켜보면, 작년 9월 김민석 국회의원이 계엄령의 가능성을 경고했을 때 누구나 정도의 차이는 있지만 믿기 어려웠고, 대다수의 레거시 미디어에서는 민주당의 음모론이라 치부했다. 우리의 문제는 계엄설이 계엄령으로 '실현'되었다는 데 있다. 이제는 믿지 못할 것이 없어진 셈이며, 못할 말이 없는(Anything goes) 세계가 열린 것이다.

여기에 기름을 부은 것은 대통령이 계엄을 선포한 주요 동기 중 하나가 부정선거에 대한 의심이었다는 점이다. 그래서 그 결과로 이번 계엄 사태를 통해서 아마 가장 세를 불린 사람들이 있다면 부정선거론자들이 아닌가 생각한다. 음모론은 자신의 어려운 처지와 받아들이기 힘든 현실을 나름의 논리로 설명해주는 대안적 내러티브이다. 계엄설이 계엄령으로 현실화되고 그 이유 또한 대통령이 부정선거론을 진심으로 믿었기 때문에 이전에는 부정선거론을 믿지 않던 대통령 지지자들도 이런 초현실적인 상황을 이해하기 위해서는 부정선거론을 받아들이기 십상일 것이다. 이번 계엄의 최대 수혜자가 전광훈과 선거부정론자들인 것이다.

선거제도에 대한 신뢰는 사실 민주주의를 떠받치는 기둥이다. 윤석열정부는 당선 이래 끊임없이 선관위의 신뢰성을 공격했고, 급기야 작년 국정원으로 하여금 선관위 서버를 "점검"하게 하는 등 선거신뢰를 훼손하는 데 최선을 다해왔다. 결국 이것으로 인해 자멸의 길을 걷게 되었지만, 자신의 지지자들과 "끝까지 싸우겠다"고 함으로써 선거 신뢰성 회복의 길은 요원해졌다.

"Anything goes"의 세계가 열린 후 유튜브를 비롯한 뉴미디어는 불타오르고 있는 중이다. 그 와중에 국회에서 직접 증언을 한 김어준의 케이스를 생각해볼 수 있겠다. 이것은 계엄 이전의 세계에서는 가능하지 않던 일이며, 그 내용의 상당 부분은 사실로 확인되기도 하였다. 그러나 문제가 되는 것은 명백한 증거나 팩트체크 없는 '제보'들이 경쟁적으로 국회의원의 면책특권과 각종 매체들을 통해서 위험하게 증폭된다는 점이다. 앞으로 당분간은 이런 음모론의 작용과 반작용이 난무하는 세계를 피하기는 어려울 것이다.

여기서 딜레마는 이런 음모론과 가짜뉴스들을 우리가 어떻게 대처해야 할 것인가 하는 질문과 관련이 있다. 굳이 표현의 자유를 들지 않더라도 규제와 단속이 불가능한 미디어 환경에서 규제와 단속의 칼날을 들이대는 것은 오히려 음모론과 가짜뉴스에 날개를 달아주는 것과 다름없기 때문이다. 놔둘 수도, 그렇다고 규제할 수도 없으니 딜레마가 아닐 수 없다. 아직 전세계 어느 사회도 이 문제를 해결하지 못했지만, 우리 사회가 이 문제를 가장 심각하게 앓고 있는 것임은 분명하다. 대통령으로 하여금 계엄령을 발동하게 했으니 말이다.

적어도 의원, 정당, 공공기관을 통해서 나가는 정보는 그 소스의 확인과 팩트체크 과정 등 공표의 조건들을 미리 정할 것. 유튜브의 큰소리들과 카카오톡의 '받은 글'들은 사실 재미와 관심과 전파를 목적으로 만들어진 것이기 때문에 팩트가 무엇인지 아무도 신경 쓰지 않는다는 것. 훌륭한 가짜뉴스란 99%의 팩트와 1%의 악의로 이루어진 것이라는 점. 그리고 이런 것들이 우리 공동체를 좀먹다가 나라를 파탄(예컨대 계엄령 선포)에 이르게 할 수도 있다는 점. 시간이 걸리겠지만 이런 사실들을 학교에서 가르치고 가정에서 공유해야 하지 않을까 생각한다.

'교육'이라는 결론이 너무나 싱겁고 힘들고 가장 오래 걸리는 해결책이라 아무도 관심이 없겠지만, 지금이라도 빨리 시작했으면 한다. 돌이켜 생각해보면, 특히 우리 기성세대는 아무도 뉴미디어를 받아들일 준비도 되지 않은 채 스마트폰을 쓰기 시작했고, 이와 관련된 교육도 받은 적이 없다. 대통령도 그의 열성스러운 지지자들도 그러했고 여기서 비극이 시작되었다. 언젠가 누군가 이런 당장 해결되지 않는 문제들을 학교와 가정에서 낮은 목소리로 토론하는 일을 시작하지 않으면 안 된다. 지금 시작하는 것이 이미 늦었다고 생각할 수 있지만 시작하지도 않는 것보다는 나을 것이다. 정책적 대안을 말하라면 규제가 아닌 교육, 법령이 아닌 실천이 필요한 시점이다.

어디로 갈 것인가

우리는 기로에 서 있다. 세계사적으로 유례를 찾아보기 어려운 경제발전과 정치민주화라는 이중의 임무를 짧은 기간에 압축적으로 성취해낸 나라가 바로 대한민국이다. 그러나 세계가 부러워하는 이런 대한민국의 성취가 사실은 신기루에 불과한 것이 될 수도 있다는 것을 지난 한 달 동안 새롭게 깨닫게 되었다. 우리는 정상궤도를 회복할 것인가, 아니면 50년 전으로 되돌아갈 것인가.

헌정질서를 새롭게 구상하고, 정치공론의 장에서 음모론이 설 땅을 줄여나가는 일은 위에서 본 것처럼 간단한 일도, 단기적으로 해결될 일도 아닐 것이다. 그러나 우리가 처해 있는 위기가 중대한 만큼 피할 수 없는 일이기도 하다. 그런 의미에서 대통령을 파면하고, 어떻게 수사할 것이며, 다음 선거에서 누가 집권을 할 것인가 하는 문제는 여기에 비하면 어쩌면 사소한 문제들에 불과한 것인지도 모른다. 대한민국의 항로를 결정하기 위한 근본적인 고민을 해야 할 아까운 시간을 하염없이 흘려만 보낼 것이 아니라 지금 당장, 우리가 합의할 수 있는 아젠다들이 무엇이고, 그 연합은 어디에 있는지를 찾아서 떠나야 할 시간이다.

3.
'도전자'가 된 MZ, 윤석열이 준 시대의 선물

조대엽
고려대학교 사회학과 교수
포럼 사의재 공동대표

2025년 대한민국과 세 개의 시민주의

2025년에도 새해는 어김없이 밝았다. 시간의 순리대로 해는 바뀌었지만 2025년 대한민국의 새해는 윤석열의 내란에 가로막힌 역리(逆理)의 시간에 멈추어 있다. 게다가 179명의 목숨을 앗아간 제주항공 여객기 참사는 역리의 정국에 상처 입은 국민의 마음을 거듭해서 찢어놓았다.

을씨년스럽다는 말의 기원이 되었다는 120년 전 을사늑약의 그 해와 닮은 을씨년스러운 을사년이다. 무엇보다 작년 12월 3일 밤, 반헌법적 비상계엄 이후 윤석열의 내란이 여전히 진행 중이라는 사실이 2025년 대한민국의 새해를 어둡게 가리고 있다.

내란을 이어가고 있는 윤석열과 한 무리들

수많은 카메라의 눈들이 그 참담한 현장을 환하게 비추어 내란과 폭동의 현실을 국민의 눈앞에 있는 그대로 보여주었는데도 윤석열은 거짓으로 일관된 변명을 늘어놓았고, 그 원인을 민주당의 '입법 독주' 탓으로 돌리며 정당한 통치행위였다고 강변했다.

저 가증스러운 위선의 입과 거짓의 혀로 무슨 말을 늘어놓더라도 입법 독주는 민주주의의 절차였고, 비상계엄은 위헌이고 내란이었다는 사실이 바뀔 수는 없다. 문제는 윤석열에 대한 국회의 탄핵 가결 이후, 그리고 체포 영장의 집행 이후에도 윤석열 자신뿐만 아니라 대통령실과 여당인 국민의 힘, 나아가 몇몇 국무위원들이 내란을 이어가고 있다는 사실이다.

대의민주주의에서 국회는 곧 국민이다. 그래서 국회의 탄핵 의결은 국민의 결정이다. 국회의 의결이 있으면 다음 절차로서 헌재의 판결을 진행해야 하는 것이 국민의 뜻이고 헌법적 절차다. 이 절차를 거부하거나 방해하는 모든 행위는 반헌법적이며, 반민주적이고, 반국민적 행위다. 비록 우여곡절 끝에 헌법재판소가 8명의 재판관으로 탄핵심리에 들어갔다고 하더라도 헌법과 국민을 농락한 일련의 과정은 윤석열의 복귀를 노리는 내란이 여전히 진행 중이라는 사실을 말해주었다.

헌재의 탄핵 판결과 법적 처벌이 확정되는 것이 내란의 종결이라고 할 때 '디테일에 잠복한 악마'를 불러내 탄핵과 내란 수사의 절차를 더디게 하는 모든 시도가 내란의 연속적 과정이다. 국민과 국회가 결정한 탄핵의 순리를 거스르는 역리의 정치는 계속되고 있다.

1차 내란, 2차 내란, 3차 내란

나는 12월 3일 밤의 비상계엄선포를 윤석열의 1차 내란으로 읽는다. 국회의 대통령 탄핵 의결과 직무 정지 이후 한덕수 권한대행은 스스로 탄핵 절차의 방패막이가 됨으로써 윤석열의 내란을 이어 달렸다. 명분도 법리도 없는 한덕수의 2차 내란이라고 하지 않을 수 없다. 다시 한덕수가 탄핵되자 국민의힘은 한덕수 탄핵을 원천무효라며 헌재에 권한쟁의 가처분을 신청했다. 나는 한덕수 탄핵 이후 헌법재판소의 기능을 불완전한 상태로 묶어 두고자 하는 반헌법적이고 반국민적 행태를 국민의힘이 주도하는 3차 내란으로 간주한다.

최상목 권한대행의 헌법재판관 2명에 대한 '선택적' 임명은 헌재의 온전한 정상성을 지연시킴으로써 국민의힘의 3차 내란을 이어가는 셈이 되고 말았다. 연이은 대통령실 고위직들의 비뚤어진 일괄사표, 지지자들을 충동질하는 치기 어린 윤석열의 신년 메시지, 그리고 마치 사극에서나 볼 법한 체포 영장 집행에 대한 경호처의 '반란', 이를 방임한 최상목의 태도 등은 2025년의 대한민국에 3차 내란이 진행 중이라는 사실을 말해주고 있다.

윤석열과 한덕수, 국민의힘으로 이어지는 내란의 연속적 과정은 시간이 지남에 따라 내란의 원천이 무엇인지를 분명히 드러냈다. 우리는 이번 내란 정국을 통해 국민의힘이라는 제도 정당마저도 길거리에 펄럭이는 자가당착의 성조기나 거리의 정치를 선동하는 극단적 종교집단과 한 뿌리라는 사실을 확인하고 말았다.

그들이야말로 제도정치 영역에 도사린 내란의 힘이자 내란수괴의 모태다. 연속된 내란의 이 황당하고도 비현실적 과정속에서 우리는 대한민국의 민주주의가 침몰하고 정치의 도덕적 형식이 완전히 파괴되는 현실을 목격하고 있다. 이 같은 현실은 다른 한편으로 반역사적 내란 정국을 복원할 수 있는 가능성이 교착되고 오염된 정치나 정당에 있지 않고, 오로지 시민의 몫이라는 사실을 말해주는 것이기도 하다.

내란의 카오스에서 발견된 세 개의 시민주의

극단의 분열과 보수화의 거대경향, 연속되는 내란 정국이 대한민국 민주주의의 출구를 두껍게 가리고 있지만, 나는 2025년의 대한민국이 새로운 출구를 찾을 것이라는 희망의 끈을 놓을 수 없다. 그 이유가 바로 내란의 카오스에서 발견된 세 개의 '시민주의'에 있다.

첫째로 'MZ세대의 시민주의'에 주목할 수 있다. MZ세대는 신자유주의의 거대경향 속에서 스펙과 경쟁으로 성장한 '신자유주의의 아이들'이다. 능력에 기반한 공정을 외칠 정도로 자기중심적인 이 세대의 가치는 민주주의가 위태롭고 정치가 파괴되어도 오로지 자기만을 향해 있었다. 공익과 공유와 공동의 질서에 무관심한 이 세대는 동구 공산주의의 몰락 이후 역사의 종말이 진단된 시대에 성장한 역사를 잃어버린 세대일지도 모른다.

이런 MZ세대가 윤석열의 내란으로 대한민국 민주주의의 서사를 잇는 놀라운 변신을 보였다. 386세대가 '박정희의 아이들''에서 '신군부의 도전자'로 변했듯이 이제 대한민국은 '신자유주의의 아이들'이 '윤석열

체제의 도전자'로 변하는 과정을 생생하게 보고 있다. 역설적으로 윤석열이 준 시대의 선물이 된 셈이다. MZ세대의 시민주의, 특히 이른바 '남태령 대첩'에서 농민과 만난 MZ세대 여성의 시민주의는 2025년 대한민국의 민주주의를 밝히는 새로운 희망이다.

둘째로 우리는 계엄군, 즉 '군대의 시민주의'에 주목해야 한다. 우리 군은 정치주의와 파벌주의에 오염된 역사 속에서 '시민의 군대'로 자리 잡지 못했다. 윤석열의 내란을 주도한 군의 고위 지휘관들은 여전히 정치주의와 파벌주의의 비극적 과거를 떨치지 못하고 있다는 사실을 보여주었다. 그러나 윤석열의 내란이 지체되고 실패의 경로에 들어선 데는 민주화 이후 우리 군에 내면화된 '제한적 시민주의'가 있었다.

특히 방첩사의 경우 국군기무사가 해체된 전례를 스스로 떠올리며 합법적 범위에서 임무를 수행하는 조직문화를 보이기도 했다. 여인형 사령관의 오판에 대한 배신감을 토로하고, 국회에 체포조로 출동한 방첩사 수사관들은 고의적이고 소극적 태도로 시간을 끌었으며, 중앙선관위에 투입된 병력도 방첩사 법무장교단의 판단을 근거로 건물진입을 시도하지 않았다는 것이다. 제한적이나마 작동했던 계엄군의 시민주의를 엿볼 수 있는 대목이다. '제복 입은 시민'으로서의 또 하나의 시민주의가 우리 군에 뿌리내리는 단초를 발견한 것은 2025년 대한민국의 민주주의를 밝히는 요소가 아닐 수 없다.

셋째로는 '노동조합의 시민주의'에 주목해야 한다. 우리 노동조합은 민주화운동과 같은 사회개혁적 노동운동, 노동조합의 사회적 책임주의, 미조직노동이나 취약계층을 포용하는 사회연대운동, 나아가 최근의 노동 기반 공익재단의 설립에 이르기까지 노조의 시민주의를 확장해 왔다.

다른 한편으로 우리 노동운동의 계급주의와 정파주의는 노동의 공공성과 보편성 확장의 오랜 걸림돌이었다. 게다가 IMF 외환위기 이후 조직노동의 배타성과 이기주의로 인한 고립과 윤석열 정부의 반노동의 노동개혁을 겪으면서 시민주의가 위축되는 경향이 있었다. 그럼에도 불구하고 우리 시민사회의 현실에서 노동조합은 가장 강력하게 조직된 시민으로 남았다.

12월 3일 밤 계엄 포고령이 내리는 순간 노동조합은 국회 방어를 위한 가장 발 빠른 동원을 시도했다. 민주노총은 야당 의원들의 국회 진입을 돕기 위해 가능한 모든 조합원들이 국회 정문으로 모이라고 긴급 공지했고, 양대 노총·산별노조 및 연맹과 지역본부 간부들이 조직 단위별로 모여 비상 상황에 대비했다. 내란의 혼돈 속에서 노동조합의 조직된 시민주의가 빛났다.

윤석열의 내란이 3차 내란으로 이어지는 가운데 헌법재판소에서는 속도감 있는 탄핵 심판의 절차가 진행되고 있다. 1990년대 민주주의의 공고화 이후 한국의 민주주의는 언제나 '촛불시민'이 지켜냈다. 법과 제도의 테두리를 넘어서지 않는 이성적 군중으로서의 촛불시민의 존재는 한국 민주주의의 제도적 범위를 거대한 시위군중으로까지 넓히는 효과를 가져왔다.

나는 시민의 의지를 다양한 행위 양식으로 표현하는 광장의 민주주의가 대의 민주적 제도에 부가된 새로운 민주주의 모델을 '표출적 민주주의'(expressive democracy)로 규정한다. '응원봉'으로 바꿔 든 2025년의 표출적 민주주의가 이 혼돈을 제 자리로 돌려놓으리라는 확신의 한가운데 새롭게 출현한 세 개의 시민주의가 있다. 2025년 이후 한국 민주주의의 서사를 이어갈 희망이 아닐 수 없다.

이 글은 오마이뉴스 「사의재의 직필」에도 실렸습니다.

4.

개헌과
선거제도 개혁은
함께 가야 한다

이선우

전북대학교 정치외교학과 교수
국회 국민 미래 개헌 자문위원회 위원

한국 민주주의의 위기

2024년 12월 3일 심야에 전격적으로 이뤄졌던 윤석열대통령의 위헌적·위법적 비상계엄령 선포로 인해 한국의 민주주의는 그야말로 거대한 격랑에 휩싸이고 말았다. 이 느닷없는 계엄령의 선포는 그간 민주주의가 공고화되었다고 평가받아온 한국에서도 그것이 절차적 측면에서조차 뿌리째 흔들릴 수 있음을 여실히 보여주었다. 안타깝기 그지없는 일이다.

이미 국회는 탄핵안을 통과시켰고, 비록 윤 대통령 측의 반발이 없지 않으나 고위공직자비리수사처 등은 그의 형사소추를 전제로 한 수사에 돌입하였다. 향후 윤 대통령의 탄핵 및 형사처벌은 헌법재판소의 심리와 판결 그리고 수사당국의 수사와 기소 및 법원의 판결에 따라 순차적으로 결정될 것이다. 위헌적 계엄이었던 것이 분명한 만큼 탄핵은 인용될 것으로 전망되며, 내란죄 등 위법이 드러날 시 사법처리 또한 피하기 어려울 것으로 보인다. 현시점에 이 과정을 철저하고도 불편부당하게 진행해나가는 것은 위기에 빠진 한국의 민주주의를 정상화하는 최소한의 방안이다.

그런데 한국의 민주주의가 이처럼 극심한 위기에 빠진 국면에서 우리는 윤 대통령의 탄핵 및 형사처벌과는 별개로 한국 정치가 내포하고 있는 구조적인 문제점에 대해서도 면밀하게 살펴보고, 이에 대한 대안을 제시할 필요가 있다. 주지하듯 한국의 정치적 양극화는 이미 임계점을 한참 넘어선 상태이다. 물론 그렇다고 해서 정치적 양극화가 위헌적·위법적 계엄을 정당화해줄 수 있는 것은 결코 아니다. 또한 정치적 양극화는 비단 한국만이 아닌 전지구적 추세이기도 하다.

문제는 현재 한국의 정치적 양극화가 다른 선진 민주주의 국가들에 비해서도 유독 더 심각하고, 이는 계엄사태 이전에도 마찬가지였다는 점이다. 예컨대 미국의 퓨리서치센터(Pew Research Center)에 따르면 한국은 미국과 더불어 조사 대상에 오른 19개 선진 민주주의 국가들 가운데 정치적 갈등과 대립의 정도가 가장 심했다. 사실 한국은 1987년 민주화가 이루어지고, 여야 사이의 갈등에도 불구하고, 정치적 양극화가 지금처럼 극심하지는 않았었다. 하지만 현재는 자신이 지지하지 않는 정당에 대한 비호감도가 커짐에 따라 지지하는 정당에 대한 호감도가 역으로 상승하는 정서적 양극화의 추세가 매우 뚜렷하게 나타나고 있고, 이로 인해 당파적 지지자들은 양대 정당에 그 어느 때보다도 더 격렬하게 대립하도록 자극하고 있는 양상이다. 가히 '정서적 내전' 상태라고도 부를 법하다.

물론 한국도 다른 국가들처럼 경제적 불평등의 심화나 미디어 환경의 변화가 정치적 양극화에 상당한 영향을 미쳤을 개연성이 있다. 특히 최근 미디어 환경의 변화에 따른 SNS 등 온라인 매체의 익명성, 개방성, 비선형성, 상호작용성 등의 특징들은 정치적 양극화를 가속화 하는 게 분명해 보인다. 하지만 선진 민주주의 국가들 가운데서도 유독 한국에서 정치적 양극화가 심화되는 데는 정치 제도적 요인 역시 유의미한 영향을 미치고 있는 것으로 판단된다. 특히 필자가 계속 주장해왔듯 대통령제와 양당제의 조합은 한국의 정치적 양극화를 확대·재생산시키는 핵심적인 정치 제도적 요인이라 하겠다.

대통령제와 양당제 간 조합의 문제점

사실 과거에는 대통령제가 다당제보다는 양당제와 조합을 이룰 시에 국정운영의 성공과 민주주의의 지속 및 발전에 더 유리하다는 입장이 다수였다. 상식적으로 봐도 다당제는 여소야대의 출현 가능성을 높이며, 그로 인해 행정부와 입법부 간 충돌의 위험을 키울 수 있기 때문이다. 하지만 정치적 양극화가 심화 될 시에는 한국과 미국의 사례에서 보듯 오히려 대통령제와 양당제 간 제도적 조합이 여야 갈등과 대립을 무한정 재생산하고 결과적으로 정치적 양극화를 더 심화시키는 악순환의 고리로 작용하게 될 공산이 크다. 양대 정당과 그 지지자들로 하여금 최대의 정치적 전리품인 대통령직을 놓고 사생결단의 대결을 펼치도록 반복적으로 유도하기 때문이다.

특히 한국 대통령직의 경우 비교적 매우 광범위한 행정부 및 검찰 등 권력기관 인사권을 보유하고 있어 대선에서 승리했을 시 얻게 되는 혜택이 막대하다. 그런데 이보다 더 중요한 것은 대선에서 패배했을 시 대통령의 검찰권 오남용 등에 따른 정치보복의 가능성 등 치러야 할 비용은 더 치명적이라는 점이다. 그러므로 야당으로선 차기 대선에서 반드시 승리해야만 하며, 따라서 현직 대통령이 어떻게든 실패하도록 만드는 게 정치적으로 유리하다. 야당의 유력한 차기 대선 후보의 입장에선 최대한 소속 의원들 및 지지자들을 규합하고 또 동원하여 일관되게 대통령을 방해하는 편이 전략적으로 우월한 선택지가 되는 셈이다.

대통령 또한 야당 측에 정국의 주도권을 내주지 않기 위해 집권당을 동원하고 그 지지층을 결집함으로써 또는 집권당의 동원 및 그 지지층의 결집 자체를 위해 매우 강경한 일방적 통치를 감행하도록 유도될 공산이 크다. 대통령은 어떻게든 충성파 위주로 요직을 인선하고, 검찰 등 권력기관 등을 활용한 사정 정국을 일상화하며, 행정입법을 통해 주요 정책결정 및 국정운영을 단행하려는 유혹에 빠지곤 한다. 물론 윤 대통령이 사면권, 재의요구권(거부권) 등 과거에는 가급적 자제하던 헌법적 권한들을 자주 매우 자의적으로 행사했던 것도 같은 맥락으로 볼 수 있다. 나아가 대통령들은 자신의 지지율은 올리되 야당의 인기는 낮추기 위한 전략의 일환으로 전임 정부의 주요 정책 다수를 부정·폐기하고, 그에 대한 사법적 책임까지 물으려 시도하곤 한다. 이렇다 보니, 양당 간 최소한의 사회경제적 이념, 정책의 차별성조차 차츰 희미해져 가고, 오로지 대통령직을 사수하거나 빼앗아올 목적의 정쟁만이 난무하게 되어 버린 것이다,

과거에는 대통령과 야당 공히 중도층발 '역풍' 및 이들의 이탈 가능성으로 인해 이렇듯 노골적인 일방주의적 정치행태를 지속하기가 쉽지 않았다. 하지만 최근의 정치적 양극화 상황에선 이를 더는 크게 의식하

지 않는 모습이다. 여야 모두 중도층을 의식한 합의적 행태 등을 보일 시 오히려 강성 지지층의 이탈 가능성이 높아진다고 보고, 표를 확보하기가 쉽지 않은 중도층에 호소하기보다도 팬덤이 이끄는 강성 지지층의 이탈을 최소화하는 전략을 펴고 있기 때문이다. 즉 정교한 정책 및 공약의 개발을 통해 중도층을 아우르며 지지층을 넓혀 나가는 어려운 민주주의적 정공법은 차츰 정치 전략적 선택지에서 배제되는 것이다. 물론 선거 당일에는 조용한 중도층이 투표장에 나가 선거 승패에 중대한 영향을 미칠 수도 있다. 한국의 제22대 총선에서도 조용한 중도층은 정권심판론에 이끌려 상대적으로 야당 측에 더 많이 투표했던 것으로 보인다. 하지만, 정치적 양극화가 심해질수록 선거과정에서도 중도층의 영향력은 계속 약화되어 갈 수밖에 없을 것이다.

정치제도 개혁의 방향

그렇다면 대안은 있는가? 이론적 답은 의외로 간단하다. 한국의 경우 대통령제와 양당제의 결합이 문제인 만큼, 둘 중 하나는 바꿔야만 개선의 가능성이 보일 것이다.

먼저 개헌을 통해 현행 권력구조를 대통령제가 아닌 내각제 또는 이원정부제와 같은 협치 지향적 권력구조로 전면 변경하는 방안을 고려해 볼 수 있다. 양당제가 온존한다는 전제하에 내각제로 개헌한다면, 여소야대가 원천봉쇄되는 영국식 내각제로 바뀌게 될 소지가 크다. 이러한 권력구조 하에선 국회 내 다수파 여권이 의회 및 행정권력을 모두 쥐고

한동안 주도적으로 국정을 운영할 수 있게 되며, 야권은 제도적 비토권을 지니지 못한 채 여권의 명백한 정치적·정책적 실패나 시대정신의 전환이 이루어질 때까지 집권을 준비하는 위치에 주로 머물게 될 것이다. 이는 정치적 교착을 완화하고 국정운영의 안정성과 책임성을 높이는 데 기여할 수 있을 것으로 기대된다. 하지만 이 선택지는 정치적 양극화 해소의 효과가 별로 크지 않을 것으로 예측되며, 여론의 지지가 매우 낮아 실현 가능성도 높지 않다.

한편 이원정부제로 개헌할 시 여대야소일 시에는 대통령제, 여소야대일 시에는 내각제로 운영하는 것이 가능해져 정치적 상황 변화에 따른 국정운영 방식의 유연성이 제고될 수 있다. 하지만 대통령과 총리가 다른 정파에 속하게 되는 이른바 '동거정부'(cohabitation)상의 이중적 행정권력이 관행적으로 잘 안착되지 못한다면 국정의 마비나 교착은 대통령제하에서의 여소야대 상황에 비해서도 더 심각해질 수 있다.

사실 프랑스의 2000년 개헌 역시 '동거정부'의 출현 가능성을 낮추기 위한 대통령의 임기 단축이 그 목적이었다. 미테랑(Francois Mitterrand) 대통령과 시라크(Jaque Chirac) 총리 때는 '동거정부'가 비교적 잘 작동했지만, 시라크 대통령과 조스팽(Lionel Jospin) 총리 시기에는 소위 '마비정부'로까지 평가될 만큼 그 운영이 어려웠기 때문이다. 이는 이원정부제의 원형적 모델로 가장 많이 거론되어온 경험적 사례에서조차 이 정부형태가 분권형 권력구조로 원활하게 자리잡는 것이 쉽지만은 않았음을 시사한다. 특히 양당제가 온존한다면, 이러한 위험성은 더 커질 수밖에 없다. 더욱이 본 권력구조 개편에 대한 국민의 지지 또한 여전히 그리 높지 않은 편이다. 그러므로 현재로서 헌법상 권력구조의 전면적 변경은 그 현실적 구현 가능성이 높지 않은 선택지에 해당한다 하겠다.

다음으로 개헌을 통한 '4년 중임 대통령제'로의 전환 방안을 고려해 볼 수 있다. 한국에서 개헌 논의가 부상할 때마다 가장 자주 언급되고 여론의 선호도 또한 가장 높은 선택지가 바로 이것이다. '4년 중임 대통령제'로 개헌하자는 입장을 보면 이 안에서도 세부적인 개혁안은 논자들마다 다양하게 제시되어 왔지만, 적어도 인사와 예산 등에 있어 대통령의 권한을 축소하고 국회 권한을 강화하는 방향성에 있어선 공통적이다. 이는 대통령의 사정권력을 포함한 행정권의 무분별한 동원이나 사적 남용의 가능성을 줄이는 동시에 국회 또한 대결 지향적 수단을 남발하기보다도 인사나 예산 등 실질적인 내용의 측면에서 행정부를 효과적으로 감시·감독하게끔 유도할 수 있을 것으로 기대된다.

다만 이처럼 4년 임기의 대통령제 권력구조를 채택한다면 재임 2년차에 총선이 치러지게끔 설계함으로써 후자가 행정부에 대한 중간평가의 성격을 가질 수 있도록 해야 할 필요성은 있다. 통상 대통령제의 가장 주요한 약점 중 하나로 여소야대의 잦은 출현이 지적되곤 하는데 적잖은 경우에 이를 해소할 목적으로 양 선거의 주기를 인위적으로 맞추려는 제도적 변화를 시도하곤 한다. 하지만 분점정부의 상황이야말로 역설적으로 본 권력구조의 운영원리에 내재된 견제와 균형의 핵심적 기제로도 해석될 수 있는 만큼 대통령제의 정상적인 작동 역시 대통령과 국회가 여소야대 상황을 정치적으로 잘 극복해내고 안정적인 국정운영에 함께 기여할 수 있을 때 비로소 가능해지는 것으로 봐야 온당할 것이다.

그러나 위와 같이 대통령제를 존치하는 방향에서 개헌이 단행한다면, 선거제도 개혁을 통한 다당제로의 정당체계 개편 역시 반드시 동반되어야 할 것이다. 그렇지 않으면 상술했던 대통령제와 양당제 간 조합에 따른 문제점들이 계속 답습될 위험이 있기 때문이다. 이는 그간 정치학자들이 가장 많이 주목해온 제도적 개선안이기도 하다.

이를 위해서는 무엇보다도, 총선 시 비례대표제 의석수 확대, 대선 결선투표제 도입 등 몇몇 유효한 제도개혁을 통해 현재의 양당제를 다당제로 재편할 수 있는 구체적 방안 등이 고려되어야 할 것이다.

특히 이와 같은 선거제도 개혁을 통해 비교적 정책적 색깔이 분명한 30석 내외의 의석을 보유한 3~4개의 군소정당 창출을 기할 필요가 있다.

이렇듯 정책적 색깔이 구분되는 다당제하에서는 대통령과 야권 공히 정치적 다수파의 구축을 위해 군소정당과의 연합을 시도하게끔 유도될 것이고, 이는 자연스럽게 정당들 사이의 정책 조정 및 타협에 기초한 정상적인 정치과정을 도출해낼 수 있게 될 것으로 기대되기 때문이다. 물론 여기에는 이들 군소정당이 대통령 후보를 내기보다도 서유럽의 내각제 국가들에서처럼 연립내각 참여 및 자신들의 정책아젠다 구현을 주된 목표로 삼아야 한다는 중대한 전제가 요구된다. 모든 정당들이 궁극적으로 대선 승리만을 목표로 삼을 시 다당제의 이점은 소실될 수밖에 없고, 다시금 양당제로 회귀하게 될 공산이 크기 때문이다.

위헌적·위법적 비상계엄 선포로 인한 민주주의의 위기 속에서 개헌 논의가 본격화될 가능성이 그 어느 때보다도 높은 요즘이다. 개헌은 정쟁의 수단이나 대상이 아니라 향후 한국 민주주의의 지속적인 발전을 위한 대안으로서 민의를 반영하며 숙고되어야 할 것이다. 다만, 대통령제가 유지되는 한 개헌과 선거제도 개혁은 함께 가야 한다.

5.

권력 개혁과 민주진보 세력의 다수화 전략
: 제7공화국을 만들자

황운하

국회의원
조국혁신당 원내대표

12.3 내란, 공고한 민주 시민과 권력 엘리트의 지체 현상

작년 12월 3일 대통령 지위에 있는 자가 내란을 일으켰습니다. 사상 초유의 사건입니다. 국민은 헌정 질서를 파괴하며 영구 독재를 노린 윤석열 씨의 비상계엄을 용납하지 않았습니다. 계엄 당일, 자정을 넘어서까지 칼바람이 부는 여의도 국회 앞에 수천 명의 시민이 모여 계엄군의 국회 진입을 막았습니다. 국회 본청에서는 야당 보좌진과 당직자들이 계엄군의 본회의장 접근을 결사적으로 저지했습니다. 대통령과 측근들의 시대착오적 망상 실현은 일단 실패했습니다.

12.3 내란 1차 저지가 가능했던 것은 윤석열 집단이 간과한 세 가지 이유 때문입니다. 첫째는 야당들의 계엄 포고 가능성 경고입니다. 여름부터 계엄 논의를 추궁하는 야당 의원들의 질의에 내란 핵심 종사자들은 정치 공세라며 거짓말로 일관했지만, 많은 의원실에서 계엄법 개정안을 만드는 등 계엄 해제를 위한 국회의 역할을 숙지한 상태였습니다.

둘째는 시민들의 격렬한 저항입니다. 늦은 밤 귀가하던 시민들은 계엄 포고령을 듣고 국회 앞으로 집결하기 시작했습니다. 시민들은 수방사 등 계엄군 차량보다 일찍 국회에 도착, 군의 국회 진입을 온몸으로 막았습니다. 윤석열 내란 집단이 가장 크게 간과한 부분입니다.

셋째는 위법 명령 수행에 대한 군인들의 망설임과 불복종입니다. 군인들은 국회 본청에 난입까지는 했지만, 국회의원들을 끌어내기 위한 본회의장 진입은 포기했습니다. 내란 수괴 윤석열의 수차례 독촉에도 국회의원 체포 등 위헌적 명령은 실행되지 않았습니다. 우리 군은 반세기 전 쿠데타에 동원됐던 군대와 전혀 다른 군인들이었습니다.

조금 길게 12.3 내란 저지의 조건을 설명한 이유는 일선 군인을 포함한 시민들의 민주주의 의식은 공고해진 데 비해 반헌법적 독재를 기획하고 이에 동조하는 정치권력의 의식은 50년 전에 머물러 있는 '지체 현상'이 내란 저지 사건에서 여실하게 드러났기 때문입니다. 특히 생각해 봐야 할 부분은 박근혜 씨도 실행하지 않았던 계엄을 윤석열 정권이 결행할 수 있었던 집단적 확신이 어떻게 만들어졌는가 하는 점입니다.

정치검사 출신 대통령에게 독재는 필연

역사적으로 출신이 같은 엘리트 집단은 배타적인 절대 권력을 추구합니다. 저개발 시대 국가는 육군사관학교와 국립대학을 통해 엘리트를 양성했습니다. 가장 먼저 엘리트 집단이 됐던 육사 출신 장교들이 쿠데타로 집권했고, 국립대학 출신 엘리트들이 이들의 장기 집권을 뒷받침했습니다. 군부와 민간 엘리트가 결합한 권력 집단은 중앙정보부 등 무소불위의 권력 기관들을 만들어 권력에 저항하는 세력을 탄압하고 회유했습니다. 이들은 사법 체계 또한 시민 참여를 배제하는 체제를 만들어 헌법적 권력에 국민이 참여할 수 있는 길을 봉쇄했습니다.

민주화 이후 하나회 척결로 상징되는 군부 엘리트 집단이 해체된 뒤 사법고시와 특정 학교 중심의 엘리트 권력 집단이 부상하게 됩니다. 바로 검찰입니다. 검찰은 행정부의 일개 조직임에도 불구하고 독립성을 주장하며, 누구의 견제와 감시도 받지 않는 권력 집단으로 자리매김하게 됩니다. 검찰은 일반 행정조직과 달리 수사권과 기소권이라는 국가 형벌권을 집행하는 최상위의 권력기관입니다. 그러나 검찰은 국회나 언론의 감시를 독립성 침해라는 이유로 철저하게 무시했을 뿐만 아니라 자신들을 견제하려는 정치인들을 잔인하게 사냥함으로써 무소불위의 권력을 만드는 데 성공했습니다. 견제와 분산이라는 민주주의의 권력 분립 원칙은 검찰에게는 통용되지 않는 이야기였습니다.

윤석열 독재의 등장은 무소불위의 검찰 권력이 정점에 이르러 나타난 사건입니다. 누구의 감시와 견제도 받지 않던 정치검사가 대통령이 되었을 때부터 독재는 예상됐던 일이었습니다. 더군다나 자신과 배우자, 장모의 여러 범죄혐의가 드러난 상황에서 대권 도전은 이를 회피하기 위한 수단의 하나였기 때문에 야당과 언론 탄압은 예정된 것이었습니다.

윤석열정권은 집권 이후 헌법기관인 감사원을 하수인 격으로 장악하고, 국민권익위원회, 국가인권위원회, 방송통신위원회와 같은 독립기구를 검찰 출신과 보수 법조인들로 채워 철저하게 정권에 복속시키는 작업을 시작했습니다. 여기에 국회의 입법권을 무력화시키는 시행령 통치로 검찰의 수사 범위를 무한대로 확장하고, 행안부에 경찰국을 설치하는 등 권력기관을 통한 사정 정국을 지속해왔습니다. 견제와 감시를 받아본 적 없는 정치검사 윤석열에게 위헌·위법적 권력 사용은 자연스러운 것이었으며, 학연·직장으로 맺어진 권력 집단의 구성은 정치적 위기 앞에 계엄과 같은 파괴적 선택을 하도록 만들었습니다.

내란 종식과 검찰개혁의 상관성

1월 중순 현재, 내란은 지속되고 있습니다. 내란 수괴 윤석열이 임명한 국무위원들이 내란 종식을 방해하고, 여당 또한 철저하게 내란 수사를 막고 있습니다. 수괴 윤석열의 체포와 수사가 미뤄지면서 윤석열 사수를 외치는 극우 세력들도 준동합니다. 헌정 질서를 파괴하고 영구 독재를 시도한 최악의 독재자를 옹호하는 자들이 당당하게 선전·선동을 하는 현실은 참으로 당혹스럽습니다.

이 현상을 해석할 단초가 있습니다. 검찰의 움직임입니다. 검찰 독재 정권이 벌인 자기 파괴적 내란이 실패한 이후 검찰 해편은 기정사실이 되어가고 있었습니다. 이런 상황에서 검찰은 내란 수사를 할 권한이 없음에도 군부의 내란 주요 임무 종사자들을 수사·구속 시켰으며, 수괴 윤석열의 내란 행위를 적시한 수사보고서를 공개했습니다.

검찰은 내란 수사를 강도 높게 했다는 여론을 노리기 위해 윤석열을 버리고 한덕수 국무총리를 불기소한다는 방침을 흘렸습니다. 여기에 극우 시민단체가 고발을 빌미로 '각하'가 마땅한 건에 대해 윤석열 탄핵소추를 진행할 헌법재판관을 수사하기 시작했습니다. 검찰의 의도는 형사 처벌을 피할 수 없는 내란 수괴는 일단 버리고, 권력을 관리할 집단을 간택하며 새로 이어받을 집단을 선택할 시간을 벌겠다는 것입니다. 검찰은 자신들의 의도대로 움직일 말들을 만드는 중입니다.

검찰이 본분을 잊고 내란 종식 과정에서 또 한 번 정치 행위자로 나서는 사이에 완전한 내란 종식은 위기로 돌입하고 있습니다. 검찰의 줄타기를 보며 극우 세력은 목소리를 더 크게 키우고 있습니다. 내란 수괴 윤석열도 복귀할 수 있다는 헛된 망상이 자라고 있습니다. 내란의 완전한 종식을 위해 지금 검찰개혁의 고삐를 당겨야 하는 이유입니다.

극단적 양당 체제를 먹고 사는 정치검찰

정치검찰이라는 독버섯은 극단적 양당 체제를 자양분으로 자랐습니다. 검찰 권력은 양당 체제에서 상승된 정치의 사법화를 통해 거대해졌습니다. 거대 양당의 갈등이 격화되어 정치적 해결이 아닌 사법적 해결을 주로 할 때 검찰은 마치 심판처럼 등장해서 시세에 따라 벌을 주곤 했습니다. 대중은 환호했고, 검찰이 먹잇감을 찾을 때마다 칭송했습니다. 마치 중세 시대 권력자들이 공개처형으로 인기를 유지하듯 검찰은 정치인에 대한 수사, 피의사실 공표, 기소와 말도 안 되는 구형으로 대중의 눈과 귀를 사로잡았습니다.

검찰개혁에 손을 댄 정치인들에게는 더 잔인하게 칼날을 들이대기도 했습니다. 실상은 검찰 권력을 줄이려는 개혁가에 대한 복수이자 향후 검찰개혁을 꿈도 꾸지 말라는 경고이지만, 마치 권력에 대한 정의로운 수사인 것처럼 포장하며 대중을 호도하곤 했습니다. 검찰 권력 유지·강화를 위한 칼춤을 보며, 상대편 정치인과 지지자들은 환호하고 응원했습니다. 극단적 양당 체제가 아니었다면 권력 유지·강화를 위한 검찰의 쇼는 결코 호응받지 못했을 겁니다.

국가 형벌권을 이용한 검찰의 정치 폭력은 검찰총장 출신 정치검사가 보수정당의 대통령이 된 뒤에 더욱 노골적으로 행해졌습니다. 여당 지지자들은 검찰의 야당 탄압에 환호했고, 검찰이 야당 인사들에게 죄를 뒤집어씌울 때마다 야당에 대한 혐오를 더욱 크게 키웠습니다. 검찰은 검찰권을 행사해서 여당 지지층을 자극하고, 다시 검찰권 행사로 국민을 갈라 두 국가로 만들어온 것입니다. 정치검찰은 정당과 결합하면서 극단적 양당 체제로 유지되는 세력이 아니라 극단적 양당 체제를 돌이킬 수 없을 정도로 악화시키는 공화주의 적이 되어버렸습니다.

권력개혁과 민주개혁 세력의 다수화 전략

이제 검찰개혁은 극단적 양당 체제의 기생물을 걷어내는 작업을 넘어 극단적 양당 체제를 완화하기 위한 첫 번째 과제라는 점을 명심해야 합니다. 검찰이 정치적 사건에 주요 행위자로 등장하도록 내버려 둔다면 검찰은 자신들의 힘이 극대화되는 양당 체제를 유지 시키기 위해 어떤 짓이든 할 것이기 때문입니다. 개혁되지 않은 검찰은 다당 체제를 부술 정도의 권력을 소유하고 있습니다.

검찰개혁, 즉 검찰 해편 이후 새로운 대한민국 건설은 조금 더 수월해집니다. 다가오는 시대, 우리에게 필요한 것은 정치의 복원입니다. 정치의 복원을 위해서는 우리 정치의 가장 고질적인 문제인 제왕적 대통령제와 실질적 양당 체제를 개혁하는 큰 작업이 필요합니다.

글 초입에 시대착오적 독재를 꿈꾸는 엘리트 권력 집단과 민주주의를 공고화하는 시민들 사이의 지체 현상을 12.3 내란 사건을 통해 말씀드렸습니다. 내란을 막은 시민들은 확고한 민주주의에 기반한 공화주의의 바탕으로 이미 자리 잡고 있습니다. 오직 시민의 힘을 간과한 낡은 권력 집단만이 구체제의 권력만을 좇고 유지하려 합니다.

윤석열 내란은 결국 종식될 것입니다. 윤석열은 파면될 것입니다. 우리는 '윤석열 파면 이후 어떤 세상을 만들어야 하는가'의 과제와 맞닥뜨리게 될 것입니다. 박근혜 탄핵 이후 우리 사회는 같은 과제에 마주친 적이 있습니다. 근본적인 권력 체제 개혁에 망설이는 동안 헌법 수호를 위해 탄핵이라는 대의에 연대했던 정치 세력들은 고사하고, 보수당은 더 극우적 집단이 되어버렸습니다. 그리고 실기한 후과는 너무 컸습니다.

우리는 대통령의 친위 쿠데타를 온몸으로 막은, 전 세계에서 사례를 찾을 수 없는 위대한 국민이 모인 국가입니다. 검찰개혁·권력구조 개혁만 성공한다면 민주개혁 세력은 다시는 독재를 꿈꾸는 낡은 권력 집단에게 패배하지 않을 것입니다. 제왕적 대통령제 개혁과 양당 체제 극복은 민주개혁 세력의 다수화 전략이며, 민주공화국을 더 단단한 반석 위에 올리는 과제입니다.

6. 한국형 뉴딜 연합과 사회대계약

박광온

일곱번째나라LAB 대표
전 MBC 기자, 보도국장

또 다른 '2017년'과 마주한 대한민국

내란 범죄는 법 앞에, 역사 앞에, 국민 앞에, 민주주의 앞에 용납할 수 없는 광란으로 기록될 것이다. 아무리 버텨도 탄핵의 시계는 돌아간다. 멈출 수 없고 되돌릴 수 없다. 혼돈과 고통, 절망과 분노의 시간에도 시민들은 희망으로 연대한다. 대한민국 민주주의는 질기고 강하다. 그것을 쟁취하는 힘, 지속시키는 힘, 회복하는 힘도 질기고 강하다. 겨울이 깊으면 봄이 오는 이치를 생각하는 시간이다.

1987년 뜨거운 여름, 넥타이 부대의 함성이 2024년 추운 겨울, 그 아들딸과 새로운 세대 젊은이들의 응원봉과 K팝으로 되살아났다. 민주주의의 새 세대가 바통을 넘겨받아 이어달리기를 시작한 것이다. K-민주주의의 시대교체다. 대한민국은 시민들이 쟁취하고 지켜온 민주주의의 길을 자랑스러운 마음으로 걷고 있다.

고통과 분노와 탄식의 시간을 헛되게 하지 않으려는 국민의 마음이 뜨겁다. 윤석열 파면이 끝이 아니라 새로운 대한민국을 만드는 시작이어야 한다는 2030 청년들의 의지에 감동한다. 탄핵 심판은 단순히 대통령의 과거 행위의 위법과 파면 여부만을 판단하는 것이 아니다. '대한민국이 지향해야 할 미래의 헌법적 가치와 질서의 표준을 설정하는 것 (2017.3.10 헌법재판소 판결문, 2016헌나1)'이다.

혼돈의 고통은 새로운 질서를 만들어 갈 에너지가 되어야 한다. 탄핵은 탄핵대로, 내란 처벌은 처벌대로, 정권교체는 정권교체대로 하고 탄핵 너머의 새로운 질서를 준비해야 한다. 탄핵이 반헌법 반민주를 단죄하는 시간이라면, 대선은 국민의 희망을 회복하는 역사적 진전이 되어야 한다.

내란세력의 부끄러운 저항은 탄핵 이후에 대한 불안감 때문이다. 진보진영과 보수진영은 서로 다른 탄핵 트라우마를 겪고 있다. 국민의힘 지지층의 결집 흐름은 윤석열 지키기가 아니라 보수 붕괴 우려 현상이다. 국민의힘은 박근혜 탄핵이 가져온 보수 붕괴의 악몽을 피하려는 보수층의 학습효과를 동력으로 악용하고 있다. 윤석열의 내란을 진영 간 내전으로 바꾸려는 반국민적 행위까지 마다하지 않는다. 새해 언론 여론조사에서 국민의힘 지지층의 86%는 헌재가 탄핵을 기각해야 한다고 답변했다. 심지어 총선 부정선거 의혹에 대해서 국민의힘 지지층 65%는 있었다고 믿는 것으로 나타났다. 1987년 민주화 이후 가장 극단적인 진영 대결 구도다. 정치의 파탄, 상식의 실종이다.

결은 다르지만 진보층의 탄핵 트라우마 역시 존재한다. 자산 불평등의 구조화와 이로 인한 주거, 의료, 교육, 일자리, 시간 불평등 등 삶의 모든 분야의 양극화에 절망하고 있다. 무엇보다 공교육으로 성공하는 사회라는 믿음이 소멸했다. 기회와 정의에 대한 요구는 박근혜 탄핵 때보다 더 넓게 형성됐다. 결과적으로 2017년 탄핵 이후 세상이 달라지지 않았다는 실망이 진보층의 트라우마다.

2017년 탄핵은 한국형 뉴딜 연합을 실현할 수 있는 좋은 기회였다. 촛불 연합을 안정적 다수 정치 연합으로 전환했더라면 오늘 한국사회는 달라지지 않았을까? 2017년 탄핵 무렵의 여론조사에서 국민 80%는 박근혜 대통령 탄핵에 동의했다. 이 80%는 문재인정부 출범 초기 지지율과 같다. 문재인정부에 대한 국민의 높은 기대를 읽을 수 있다. 국민 80%의 지지율로 출범한 정부는 정책 연합의 길을 갈 수밖에 없다. '80%가 지지하는 단일 정책'은 존재할 수 없기 때문이다. 계층과 처지가 서로 다른 '80%'가 공유할 만한 '연합 의제'를 어떻게 만들어 내고 유지할 수 있느냐, 이것이 문재인정부가 출발부터 받아든 숙제였다(2021.4.20. 시사IN : 실종된 정치에 심판하는 주권자들, 천관율).

하지만 촛불 연합과 촛불 대선의 결실과 책임은 고스란히 민주당의 몫이 됐다. 탄핵에 참여한 다양한 정치세력·사회세력과 함께 탄핵 이후의 비전을 공유하고 추진하지 못한 부분에 대해 성찰하게 된다. 지금 우리는 또 다른 2017년을 마주하고 있기 때문이다.

탄핵 이후의 희망을 만드는 것이 국민의 고통을 치유하는 길이다. 내란세력의 준동을 막고 새 시대를 향한 국민의 열망을 모아내는 길이다. 탄핵 이후의 대한민국은 기회와 정의, 회복과 성장이 살아 숨 쉬는 더 좋은 나라, 더 나은 세상이라는 믿음을 국민에게 줘야 한다. 진보적 다수연합 세력으로 새 비전, 새 가치의 새로운 민주주의를 시작해야 할 때이다.

새 시대의 새로운 질서는 정치적 민주주의를 넘어 사회경제적 민주주의로 가야 한다. 그래야 국민의 삶이 바뀌고 대한민국의 성장이 지속 가능하다. 제왕적 대통령제를 탄핵해야 하고, 승자독식 선거제도를 탄핵해야 한다. 신자유주의 경제체제를 탄핵해야 하고, 왜곡된 검찰 권력을 탄핵해야 한다. 기본권, 민주주의, 불평등, 고용, 사회보장, 공교육, 기후, AI 경제, 한반도 평화 등 모든 분야를 망라한 K-뉴딜, 즉 사회대계약을 추진해야 한다. 이를 위해서는 진보적 다수 연합정치의 실현을 위한 한국형 뉴딜 연합이 필요하다.

한국형 뉴딜 연합의 제안

미국 민주당은 1930년대 대공황의 극한 상황에서 새로운 사회경제 질서를 만들었다. 사회보험과 노동정책에서 소외된 국민들을 부양했고, 진보적 가치의 실현으로 유권자 지형을 변화시키고 진보 블록을 형성했다. 이후 뉴딜 정책은 광범위하고 안정적인 지지를 바탕으로 장기적으로 추진됐고 미국은 번영을 구가했다.

한 예를 보자. 대공황 시기에 급격하게 늘어난 이민인구는 일자리를 찾아 대도시로 모여들어 산업노동자로 진입했다. 루즈벨트 민주당 대통령은 이들을 새로운 유권자로 불러내고 새로운 사회계약을 제시했다. 와그너법으로 노동자와 경영자 사이의 힘의 균형을 맞췄고, 획기적 사회보장 프로그램으로 최저 생활선을 마련했다. 이로써 이전까지 남부 지역에 한정됐던 민주당의 지지기반은 넓어졌고 루즈벨트 이후 약 40년 동안 미국 정치의 다수파를 유지했다.

1920년과 1924년 선거에서 민주당은 양대정당이 얻은 득표 가운데 35%밖에 얻지 못했고, 당의 소멸이 임박했다는 평가까지 들어야 했다. 그러나 1932년 59%, 1936년에는 62%로 득표율이 급격히 상승했다. 투표율 상승에 열쇠가 있다. 1920년부터 1936년 사이에 투표자 수가 70%나 증가했다. 1936년 투표자의 약 40%는 1920년 이후 처음으로 투표한 유권자다. 게다가 1920~30년대 대통령선거에서 각 정당의 득표를 분석해 보면 새로운 투표자들이 압도적으로 민주당으로 움직였다는 사실을 알 수 있다(진보는 어떻게 다수파가 되었나, 이철희). 정치불신으로 투표를 외면하고 거부하는 계층·세대가 투표장에 나설 수 있는 동기를 제공해야 한다. 즉 사회대계약을 미룰 수 없는 이유다.

87년 체제는 국민이 세웠다. 체육관 대통령의 장기 집권과 군사독재를 타도하고 대통령 직선 5년 단임제를 쟁취했다. 해방 이후 처음으로 민주주의를 바탕으로 국민이 합의한 사회대계약이다.

87년 체제로 대한민국은 대도약기를 열었다. 민주적 시민의 성장, 세계 10위권의 경제력과 선진국 진입, 두 차례 올림픽과 월드컵, 한류와 노벨상과 문화시민의 긍지까지 모든 분야에서 눈부시게 발전했다. 우리 국민은 더 좋은 나라를 만들 수 있는 역량과 의지를 갖고 있다. 더 행복한 나라에서 살 자격이 있다. 하지만 지금과 같은 정치로는 더 좋은 나라, 더 행복한 나라로 한 발 짝도 나아갈 수 없다. 특히 막강한 권력을 제멋대로 휘두르는 인물과 결합한 제왕적 대통령제는 정치 경제 외교 민생을 파탄내고 나라를 단숨에 수십 년 후퇴시키는 위험스러운 제도임이 확인됐다. 거기에다 승자독식 선거제도는 내란 수괴를 옹호하는 정당과 정치인도 정치생명을 연장하는 지역주의를 심화시키고 있다. 한국형 뉴딜 연합으로 극복해야 한다. 87년 체제는 시대적 역할을 마치고 새로운 질서의 탄생을 기다리고 있다.

뉴딜 연합의 조건
: 연합정치의 제도화

승자독식 선거제도를 탄핵해야 한다. 국민의 소중한 한표 한표가 국회의석에 온전히 반영되는 국회의원 선거제도라야 정치생태계의 정의를 실현할 수 있다. 대통령선거 결선투표제를 도입해야 한다. 대선 결선투표는 국민의 마음을 모으고 다수 연합정치의 토대를 다지는 장이 될 수 있다.

이 조건을 충족해야 개헌이 정치혁신의 희망을 줄 수 있다. 대통령의 권한을 분산하고, 대화와 협력의 정치를 제도화하는 것도 제7공화국의 핵심 전제이다.

우리 사회에서 중요한 가치의 실현과 자원의 배분은 정치권력의 변화에 따라 영향을 받아 왔다. 대통령선거·국회의원 선거에서 1표라도 더

얻으면 가치실현과 자원배분의 독점적 지위를 갖고, 그렇지 못하면 소외된다. 승자독식 제도로 다수결 만능주의가 다원적 타협주의를 압도했고 정치적 양극화는 심화됐다. 선거에서 득표연합·이익연합이 가치연합·정책연합을 짓눌렀다.

단순 다수제로 선출된 대통령은 1표만 더 얻어도 5년 동안 제왕적 권한을 행사할 힘을 얻는다. 하지만 당선자가 얻은 표보다 더 많은 사표가 발생해 새 정권은 불안정성을 안고 출범한다. 1987년 대통령선거에서는 투표자의 63%에 이르는 대량 사표가 발생했다. 그 때의 경험이 안정적 과반 당선에 대한 바람과 사표 방지 심리를 높이긴 했지만 확실한 해법을 마련하지는 못했다. 정당 후보 간 후보 단일화가 시도됐지만, 긍정적 효과보다는 부정적 효과가 컸다. 1987년부터 2022년까지 6번의 대선에서 투표자 과반의 지지를 얻은 당선자는 사실상 양자 대결이었던 2012년 대선이 유일하다. 높은 투표율과 과반을 넘어서는 높은 득표로 당선된 대통령이 더 높은 민주적 정당성과 대표성을 갖는 것은 상식이다

대통령선거 결선투표제는 다양한 정치세력의 자유로운 대선 참여를 유도한다. 1차 투표와 2차 결선투표 사이에 과반 형성을 위한 정치세력 간의 가치연합·정책연합을 촉진한다. 기후연합·미래세대연합 등으로 더 넓고 다양하게 확장할 수 있다. 제도적 후보 단일화, 결선투표제가 시행된다면 인위적 후보 단일화로 인한 사회적 비용을 줄이고 정치안정을 꾀하는 것은 물론 연합정치와 소연정, 대연정의 다원 민주주의의 실현이 가능하다.

우리 정치가 단독 과반의 유혹에서 벗어날 때가 됐다. 단독 과반의 힘만으로는 AI 시대의 다양한 국민 요구를 충족시킬 수 없다. 단독 과반보다는 연합 과반이 갖는 긍정적 힘이 강하다는 사실에 주목해야 한다. 연합정치가 극한 대립 정치, 무능 정치를 극복하는 길이다.

비례대표성을 높이는 것이 한국정치의 핵심 과제이다. 비례대표제는 합의를 이뤄내는 문화를 조성하고, 정당들이 국가 전체의 복지를 위해 이념적 경계를 넘어 협력하도록 장려한다(The Guardian, 2022.9.24. 저신다 아던 뉴질랜드 총리). 독일은 소선거구제와 함께 연동형 비례제를 채택하고 있다. 스웨덴은 100% 비례대표로 국회의원을 뽑을 수 있다. 노무현 전 대통령은 2005년 10월 기자단 간담회에서 "높은 보장 수준을 가지면서 지속적 성장에 의문을 제기하지 않는 정치제도의 모델이 있다. 다당제와 타협을 성공시킨 정치"라고 밝혔다. 정책과 가치에 따른 유럽식 다당제를 가야 할 길로 본 것이다.

선거제도 개혁은 극심한 지역주의에 기반한 비정상적 정치구조를 청산하기 위해서도 필요하다. 2024 총선에서 국민의힘은 수도권 122석 가운데 19석을 얻었다. 반면 영남권(대구·부산·울산·경남·경북)에선 65석 가운데 60석(92%)을 얻었다. 국민의힘 지역구 국회의원 90명 가운데 영남권 비율이 67%다. 지역 독점 구도가 유지되는 한 내란을 일으킨 대통령을 비판하지 않아도, 탄핵소추안에 반대해도, 내란 수괴의 체포영장을 막아서도, 검찰개혁을 거부해도, 다음 총선에서 국회의원직을 지킬 수 있다는 계산을 버리지 못할 것이다. 극우 정당화하는 것에 대한 문제의식도 외면할 수 있을 것이다. 경쟁없는 지역 독점 구도를 타파해야 비정상적 정치가 소멸된다. 비례성을 높이는 선거제도의 도입은 정치발전의 핵심이다. 민주당이 독점하는 호남 정치에 메기효과를 불어넣는 방안이기도 하다.

    정치개혁에 앞장서는 것이 민주당의 역사적 책무이다. 민주당이 기득권을 내려놓는 자세를 가질 때 비례성을 높이기 위해 필요한 의원 정수 확대도 국민의 동의를 얻을 수 있다. 국회 원내교섭단체 진입 장벽을 허무는 일도 민주당에게 가치로운 일이다. 제17대 국회에서 민주노동당은 10석이었다. 이번 국회에서 조국혁신당은 12석이다. 두 정당은 원내교섭단체 장벽에 막혀 국회에서 국민 지지에 상응하는 권한과 책임을 갖지 못했다. 국민이 준 권한과 책임이 국회에 의해 제약되고 있다. 유독 우리나라의 국회 원내교섭단체 구성 장벽이 높다. 영국과 미국 등은 교섭단체 구성의 요건이 따로 없다. 독일은 득표율 최소 5% 또는 연방의회 최소 5석 이상, 프랑스 하원은 전국 득표율 5% 이상 또는 특정 지역 5석 확보가 기준이다. 스웨덴은 최소 2석, 덴마크와 노르웨이는 단 1석이라도 존재하면 모두 교섭의 주체이자 대상이 된다. 우리나라는 제8대 국회까지 10석이 기준이었으나 유신헌법 이후에 20석으로 벽을 높였다.

    국회는 국민의 다양한 목소리를 대변하는 본래의 정신에 충실할 때 민주적 대의기구로서 역할을 제대로 할 수 있다. 제3당, 4당, 5당 등의 교섭단체가 책임을 갖고 활동할 때 극단적 대립이 완화되고 정책 결정의 유연성을 높일 수 있다. 현재와 같은 극단적 대립 구도로는 계층·세대 간의 이해가 첨예하게 갈리는 국가적 과제를 풀어낼 수 없다. 국회 1당인 민주당이 소수 의석 정당에게 교섭단체의 길을 열어주는 결단을 한다면 우리정치는 한 단계 진화할 것이고 진보적 다수 연합정치의 의미있는 출발이 될 것이다. 진보연합의 안과 밖에서 정책으로 연대하고 경쟁하는 '둥지 튼 게임(nested games)'을 견인해야 할 시점이다(2015. 프랑스 제5공화국의 선거연합 정치, 정병기).

다양성은 생명의 원천이다. 문화 다양성, 생물 다양성처럼 정치생태계의 다양성을 살리면 계층별·지역별·세대별·가치별·현안별로 국민의 뜻이 정치에 수렴되는 것은 물론 갈등을 조정하고 타협을 촉진하는 정치의 순기능이 살아날 것이다. 정당법도 함께 손질하면 정치 다양성을 극대화할 수 있다. 우리나라 정당법은 중앙당을 서울에 두도록 규정하고 있다. 균형발전을 말하면서 지방선거에서 경쟁하는 후보들은 서울 중앙당의 공천을 받아야 한다. 지역에 중앙당을 둘 수 있도록 하고, 광역단체장 선거에도 결선투표제를 도입하는 결단이 요구된다.

한 세대 이상 가는 진보적 뉴딜 시대를 열어야

독일의 빌리 브란트 총리에서 콜 총리에 이르는 동방 정책, 슈뢰더 총리에서 메르켈 총리에 이르는 노동 개혁 등의 성과는 연합 과반이 바탕이 됐다. 스웨덴 사민당은 1932년부터 1976년까지 44년간 집권했다. 이 시기에 사민당은 단독정부가 아닌 연합정부로 복지국가의 기반을 다졌다. 높은 대표성과 다양성을 보장한 제도가 안착하면서 정책과 가치 중심의 연합정치를 가능하게 했다. 갈등·대결·혐오를 연대·연합·협력으로 전환하는 힘을 제도가 만들어 낸 것이다.

탄핵을 넘어 폭넓은 민주주의적 연합을 바탕으로 정권교체를 이룩하고, 새 정부는 진보적 다수 연합정치로 대한민국을 리셋해야 한다. 새 정부가 K-민주주의 새 시대를 열어간다면 현재의 국민적 고통은 오히려 값진 것이 될 수 있다. 대선후보들이 탄핵 이후의 대한민국이 가야 할 비전을 제시하고 국민 공감대를 확대해가는 노력을 하게 될 것이다.

첫째, 선 개헌 후 대선
둘째, 대선과 동시 개헌
셋째. 지방선거와 동시 개헌

첫째 안은 개헌을 하고 그 헌법으로 조기대선을 치르자는 안이다. 이 안의 가장 큰 제약은 물리적으로 준비가 어렵고 각 당이 개헌 내용과 시기를 합의하기 어렵다는 점이다. 대통령이 탄핵되면 60일 안에 대선을 치러야 하는 촉박한 일정 때문에 각 당이 대선후보 경선과 공약 수립, 각 당 후보 간의 토론회 등 선거 일정을 소화해내는 것도 빠듯한 상황에서 개헌안과 개헌일정에 합의하는 것은 쉽지 않을 것이다. 합의만 된다면 절대 불가하다고 할 수는 없겠지만, 탄핵이 결정되는 순간 개헌시계보다 대선시계가 급박하게 돌아갈 것이 틀림없다.

둘째 안은 조기 대선과 동시에 국민투표로 개헌안을 확정하고 새 헌법으로 다음 대선을 치르자는 안이다. 선 개헌 후 대선 안보다는 유연한 안이지만 역시 각 당의 후보경선을 비롯한 대선 일정 속에서 별도로 개헌안을 논의하고 절충하고 타협해서 개헌안을 만드는 것은 제약을 받을 수밖에 없다.

셋째 안은 대선에서 각 당의 후보가 개헌안과 개헌 로드맵을 공약으로 제시하고 내년 지방선거 때 국민투표로 개헌안을 확정한 뒤 새 헌법으로 다음 대선을 치르자는 안이다. 물리적 제약을 해소하고 개헌에 대한 국민의 열망을 반영할 수 있는 방안이라고 할 수 있다. 차기 대통령이 임기 초반에 개헌을 논의하는 것을 꺼려해서 차질이 생길 수 있다는 우려가 있긴 하지만, 국민의 열망을 받들면서 이 안마저 합의되지 않았을 때 안게 될 정치적 부담을 고려한다면 실현 가능성이 가장 큰 안이라고 할 수 있다.

무엇보다도 개헌의 내용과 시기는 국민의 공감대가 중요한 만큼 국민과 지속적 소통으로 공감을 확산시켜 나가는 노력이 중요하다.

현실적으로 내년 지방선거와 동시에 개헌 국민투표를 실시하고 개정된 헌법으로 다음 대선을 치르는 것에 합의하는 지혜를 발휘하는 것이 절실하다. 모든 대선후보가 공약으로 선거제도 개혁과 제7공화국의 문을 여는 시간표를 제시하고, 합의하는 것은 새로운 대한민국을 바라는 국민의 열망에 대한 최소한의 응답이라고 할 수 있다.

그렇게 해야 대선이 국민과 함께 미래의 새 희망과 새 질서를 만드는 중대 선거(critical election)가 될 수 있다.

우리는 외환위기를 극복했지만 사회경제적 약자들은 각자도생의 길을 가야했다. 코로나 위기를 극복했지만, 자산 불평등은 확대되고 자영업자와 취약계층은 고통을 받았다. 지금 민생경제는 외환위기나 코로나 때보다 더 심한 벼랑으로 내몰리고 있다. 정권교체와 제7공화국의 문을 여는 데 동의하는 모든 세력이 뉴딜 연합을 반드시 성공시켜야 할 이유다. 모든 야당과 다양한 정치세력과 시민사회가 함께 사회대계약을 맺어야 한다.

우리가 가야 할 포용적 복지국가 비전의 장전이자 사회경제적 약자를 지키고 그들을 중산층으로 끌어올리는 실질적이고 담대한 행동강령이 될 것이다. 한국형 뉴딜 연합이 성공한다면, 한 세대 이상 가는 진보적 다수 연합정치, 뉴딜 시대를 열 수 있을 것이다.

7.

유능한 민주주의

이철희

일곱번째나라LAB 이사
전 대통령비서실 정무수석

1. 진보정당의 브라만화

대한민국 민주주의가 중대한 기로에 섰다. 이 중대한 이행기를 어떻게 넘기느냐에 따라 민주공화국의 운명도, 보통 사람들의 삶도 크게 달라질 수밖에 없다.

윤석열 대통령의 불법 계엄령 발동으로 시작된 탄핵 국면과 뒤이은 대선 국면은 우리 민주주의에 닥친 스트레스 테스트면서 동시에 민주당을 위시한 진보세력에게도 중대한 시험이다. 잘하면 안정적 다수를 형성해 지속가능한 집권세력, 정치적 주류로 자리 잡을 수 있다. 반대로 잘못하면 미국을 비롯해 다수의 나라에서 진보가 처해 있는 구조적 위기에 처할 수도 있다. 잘잘못의 기준이 조기 대선에서의 승패는 아니다.

진보는 유능해야 한다. 산업화의 시작 이후 마르크스주의가 사회를 바꾸는 데 실패한 반면 그의 사상을 현실에 맞게 수정한 사회민주주의는 세상을 바꾸는 데 성공했다. 교조에 얽매여 일상의 변화를 포착하지 못한 진보는 수구나 다름없다. 끊임없는 혁신은 진보의 숙명이다.

복지국가 등 보통 사람들의 삶을 개선하는 데 성공한 사회민주주의도 한계를 드러내기 시작했고, 신자유주의의 전방위 공세에 효과적으로 대응하지 못해 비틀거리고 있다. 일부 나라에서는 신자유주의를 수용함으로써 집권에는 성공했으나 핵심 지지기반인 노동자 계층의 삶을 개선하는 데 무심하거나 실패함에 따라 그들을 극우에게 빼앗기는 참담한 지경에 이르렀다. 토마스 피케티가 말하는 좌파정당의 브라만화가 바로 이것이다. 미국 민주당이 2016년, 2024년 트럼프에게 허망하게 패한 까닭이기도 하다. 그런데 미국 민주당이 노동자 계층으로부터 버림받은 상황, 과연 남 얘기일 뿐일까?

토마 피케티는 경제학계의 라이징 스타이다. 2013년 <21세기 자본>이란 두툼한 책을 발간해 피케티 신드롬을 일으킬 정도로 센세이셔널한 주목을 받았다. 책에서 그는 200년이란 장기간에 걸친 세금 통계를 가지고 불평등의 궤적을 추적한 끝에 세습 자본주의 시대가 도래했음을 밝혀냈다. 그가 2019년에는 정치에 관한 벽돌책을 내놓았다. 경제학자가 왜 정치학 서적을 냈을까? 1,300쪽에 달하는 <자본과 이데올로기>에서 그는 불평등이 기실 정치의 문제라고 주장했다. '불평등은 정치적 선택의 결과다.' 좌파정당의 정치적 선택과 무능이 초래한 결과라는 얘기다.

피케티는 2차 대전 이후 서구 여러 나라의 정치 갈등 구조가 어떻게 변화했는지를 끈기 있게 추적했다. 결론은 이거다. 좌파정당의 지지층이 바뀌었다. 1970년대까지는 계급 균열에 기초해 저학력·저소득 노동자들이 좌파 정당의 중심 지지층이었다. 그러나 1980년대를 거치면서 고학력층의 좌파정당 지지가 늘어나기 시작했고, 2000년대 이후에는 확고해졌다. "오늘날 좌파정당은 더 이상 불평등 해소를 바라는 노동자, 농민을 대변하지 않는다. 이들이 대변하는 집단은 고학력의 지적인 엘리트들이다. 피케티는 학력, 지식, 인적 자본의 축적을 지향하는 고학력층을

'브라만 좌파(brahmin left)'라고 이름 붙였다. 그리고 우파정당을 지지하는 사람들은 과거에도 그랬듯이 부유층, 고소득 엘리트들이다. 그래서 화폐와 금융자본의 축적을 지향하는 부유층을 '상인 우파(merchant right)'라고 이름 붙였다. 그래서 지금의 정치는 지적 자본을 중시하는 브라만 좌파와 물적 자본 및 금융자본을 중시하는 상인 우파 사이의 대결이라고 해석한다." 이정우 교수의 정리다.

피케티에 따르면 그 원인은 세계화와 교육 확대다. 이 요인들로 인해 계급 균열에 기반을 둔 분배연합 세력이 약화되고, 교육균열(education cleavage)에 따라 유권자 구조에 변화가 생겨났다. 미국 등 선진국이 지식경제, 금융산업을 위해 제조업을 개발도상국 등 다른 나라로 옮기는 한편 자동화 등을 추진함에 따라 고학력 노동력의 가치와 비중이 높아졌다. 좌파정당들이 이 흐름에 순응하거나 되레 주도하면서 당의 정체성이 자연스레 바뀌었다.

요컨대 민주당이 못사는 보통 사람들의 정당에서 많이 배우고 잘 사는 지식 엘리트의 정당으로 변질되었다는 뜻이다. 피케티 등이 2022년 펴낸 논문에 따르면 좌파정당의 정체성 변화는 미국, 프랑스, 영국을 비롯해 21개 민주국가에 있었던 1948~2020년 300개가 넘는 선거에서 공통으로 확인되는 현상이다. 우리나라도 포함된다. 여기에서 저학력 노동자를 겨냥한 우파 포퓰리즘이 먹히게 된 이유를 찾을 수 있다.

인종정치의 영향을 주장하는 입장도 있는데 피케티도 이를 전면 부정하진 않는다. 민주당의 '브라만화'에는 인종균열에 따른 영향도 있었던 게 사실이다. "민주당이 흑인 편을 드는 걸 받아들이지 못해 백인 인민계급이 점차 민주당을 버렸다." 그러나 민주당이 민권법·투표권법을 통과시키면서, 즉 "민주당이 더는 반흑인적인 정당이 아니었을 때부터는 공화당에 자석처럼 끌려 들어간 백인 인민계급을 잃는 일은 거의 불가피"했다는 주장에 대해 피케티는 별 설득력이 없다고 비판한다.

그가 보는 핵심은 달랐다. "1950~1960년대 이후로 관찰되는 교육균열의 반전이 미국의 북부와 남부를 아우르는 전역에서 일어난" 길고 구조적인 진화다. 교육균열 때문에 "민주당은 하층 사회집단들에 우선적인 관심을 두는 것을 접고, 점점 더 대학교육 경쟁에서 승리한 자들에게 우선적으로 몰두했다." 이로 인해 사회경제적 약자들이 소외감, 나아가 배신감을 갖게 되는 건 당연했다. "제도에 대한 구조적 개혁이 없는 가운데 하층민들이 자신들은 민주당에 의해 버려졌다고 느끼는 것이 이상할 일도 아니다."

이런 논리 하에 피케티가 근본적인 책임을 묻는 대상이 민주당 등 좌파정당의 선택과 무능인 것은 자연스럽다. 1980년대 보수 주도의 신자유주의 혁명 이후로 민주당이 자신들의 강령과 그 실천을 시대에 맞게 충분히 혁신하지 못했기 때문이다. 복지국가가 한계를 드러냈고, 신자유주의를 앞세워 그 틈을 파고 든 보수세력의 파상공세가 거셌기에 그들에게 정권을 빼앗긴 건 그렇다 치더라도 미국의 클린턴 8년과 오바마 8년처럼 그들은 보수의 서사와 정책을 뒤집으려는 시도조차 하지 않는 치명적 결과를 낳았다. 신자유주의에 맞서는 대안적 모델을 충분히 사유·발전시키지 못하면서 변화된 상황에 맞춰 자신의 강령과 이데올로기를 심화하고 혁신하지 못한 무능력이 본질이다. 집권 욕망이 대안 구축을 압도한 실패였다!

2. 진보정당의 탈노동자화

지난해 노벨경제학상을 받은 대런 아제모을루는 이렇게 말한다. "트럼프 쇼크는 민주당 책임(fault)이다." 트럼프와 공화당이 승리한 게 아니라 민주당이 패배했다는 얘기다. 노쇠한 바이든 대통령이 미적거려서 후보직을 물려받은 해리스의 준비가 부족해서 진 것이 아니라 노동자들의 지지를 잃었고, 이를 회복하는 데 실패했기 때문이다.

"민주당은 이미 오래전부터 미국 노동자들의 안식처가 되지 못하고 있다. 대신 민주당은 디지털 혁신에 따른 변화(digital disruption), 세계화, 거대한 이민의 유입, 그리고 '워크'(woke) 사상에서 지지를 구해왔다. 그 결과 오늘날 민주당에 투표하는 지지층은 제조업 노동자가 아니라 고학력층이다. 미국을 비롯해 어떤 나라든 중도 좌파 정당이 좀 더 친노동 정당이 되지 못한다면 민주주의는 나빠지게 된다."

아제모을루가 말하는 핵심은 민주주의가 노동자들을 위한 체제로 작동하지 않으면 결국 그 민주주의는 무너지게 될 것이라는 얘기다. 역사적으로 선진 산업사회에서 민주주의가 위기에 처한 간명한 이유는 약속한 성과를 내지 못했기 때문이다. 자유민주주의는 일자리, 안정, 양질의 공공재를 제공하겠다고 약속했고, 2차 세계대전 이후 약속 이행에 성공했다. 그러나 1980년 이후 민주주의는 이에 실패하고 있다. 좌든 우든 정책결정자들은 전문가들이 디자인하고, 매우 높은 수준의 자질을 갖춘 관료들이 실행하는 정책들을 계속 답습해왔다. 그 결과 공동의 번영을 이루는 데 실패했을 뿐만 아니라 그나마 겉치레로 남아있던 성공의 가능성조차 앗아간 2008년 금융위기를 낳았다.

아제모을루와 그 동료 학자들이 연구한 바에 따르면 유권자들이 민주적 제도를 무조건 지지하진 않는다. 전제가 있다. 민주주의가 제공하는 경제성장, 깨끗한 정부, 사회경제적 안정, 공공 서비스, 낮은 불평등을 직접 체험할 때 그들은 민주주의를 지지하고 옹호했다. 민주주의는 관념적 당위이기 때문에 지지받는 게 아니다. 민주주의가 이런 성과를 내지 못하면 당연히 그에 대한 지지가 줄어드는 것이 당연하다.

따라서 그 틈을 타고 극우 포퓰리즘이 득세하게 되고, 그 결과 민주주의가 퇴행했다. 정치학자 바르텔의 지적처럼 포퓰리즘의 유령(populist phantom)이 돌아다니고, 다이아몬드가 말한 민주주의 침체(democtatic recession)가 시대 흐름이다.

비슷한 진단 속에서 다른 요인에 방점을 찍는 분석도 있다. 크렌슨과 긴스버그는 <다운사이징 데모크라시>에서 미국의 민주주의가 대중(popular) 민주주의에서 개인(personal) 민주주의로 근본적인 전환을 겪었다고 지적했다. 그들에 따르면 좌파정당이 집권을 위해 필요한 다수 지지를 얻기 위해 사회경제적 약자들을 적극적으로 동원해야 하던 시대에서 그들을 주변화하고 그들을 동원하지 않아도 되는 시대로 바뀌었다. 동원을 위해 보상으로 제공하고자 했던 정책적 혜택을 개발하거나 제공할 유인이 없어졌다는 얘기다.

어떻게 이런 일이 일어났을까? 어떤 음모 때문은 아니다. "이것은 엘리트들이 일반 유권자들의 지지와 봉사 없이 권력을 획득하고 유지할 수 있다는 것을 발견하면서 일어난 일들이다." 오픈 프라이머리 등 정치개혁, 주민투표제와 주민소환제, 입법예고와 같은 정부의 민주화, 미디어의 변화, 정치자금의 확대 등으로 인해 저학력·저소득층 시민들을 동원할 인센티브가 줄어든 탓이다.

혁신주의(progressivism) 영향도 있었다. 그들은 깨끗한 정치를 명분으로 정당 체제를 약화시키고, 유권자 등록제를 통해 수백만의 이민자들과 노동계급 유권자들의 투표권을 박탈했다. 그 결과 유권자 동원보다 법적 소송이나 행정절차 조작, 관료적 조정, 의혹 폭로 등을 통해 선거에서 이기려고 하고, 자신들이 표를 늘리기보다 상대의 표를 줄이기 위해 네거티브 캠페인에 집중했다. 정책을 통한 동원보다 광고를 통한 홍보에 막대한 자금을 쏟아붓고, 이를 위해 고액 후원에 목을 맨다. "1970년대 이래 미국 정치의 우경화는 적어도 부분적으로는 좌파의 해체가 만들어 낸 산물이다." 그들의 결론이다. 이런 흐름이 정체성의 분절화, '깬 척하는 진보정치'(woke politics)로 이어졌다.

3. 어떻게 할 것인가?

　진보를 표방한 대한민국의 민주당은 2004년 총선 뒤 과반의석을 얻었다. 사상 처음으로 의회권력 교체에 성공한 것이다. 비록 탄핵 역풍에 의한 것일지라도 행정권력과 입법권력을 동시에 장악했으니 그야말로 개혁을 위한 절호의 기회였다. 그러나 아쉽게도 그 기회를 제대로 살리지 못했다. 사회경제적 약자들을 위한 정책을 제시하지도, 구현하지도 못했을뿐더러 신자유주의 흐름을 가속화하는 데 그쳤다. 그 결과 2007년 대선과 2008년 총선에서 참담하게 패배했다.

　2017년 박근혜 대통령이 탄핵 인용으로 파면된 후 치러진 총선에서 민주당이 승리했다. 여소야대의 상황이라 할 수 있는 것이 별로 없었다. 그러나 2020년 총선에서 대승한 후 즉 정부와 의회를 장악한 후에도 보통 사람들의 삶을 개선하는 데 눈에 띄는 성과를 내지 못했다. 코로나 팬데믹이 닥쳐 정책의 운신 폭, 재정의 여력이 줄어들었다는 점을 감안하더라도 '돈 없고 힘 없고 빽 없는' 사람들의 고단한 처지를 바꿔놓는 데 소홀했다. 일부 시도가 있긴 했으나 부족했다.

　좌파정당이 민주주의의 축소(downsizing)를 저지하고 다시 약자의 뒷배가 되려면 어떻게 해야 할까? 미국 민주당에 대한 정치학자 마이클 케이진의 충고가 딱이다.

"그럼에도 불구하고 저 긴 역사를 통틀어 한 가지 분명한 점이 있다면, 그것은 민주당이 평등주의적인(egalitarian) 경제적 비전과 법안들을 제시하는 데 성공했을 때, (…) 승리를 거두었고, (…) 강력한 경쟁력을 유지했다는 사실이다."

"도덕적 자본주의(moral capitalism)는 민주당의 이념과 정책을 정의하는 핵심 개념이다. 역사를 돌아보면, 보통 사람들의 삶을 풍요롭게 하거나 혹은 최소한 보다 안정적으로 만드는 프로그램들이야말로 민주당이 폭넓은 지지층을 형성하고 일회성 승리를 넘어 수권 정당으로서 좀 더 장기적인 집권을 할 수 있었던 비결이었다."

아제모을루의 해법은 진보정당이 친노동 정당으로 정체성을 회복하는 것이다. 친노동 정책을 약속하고 실천에 옮기는 것부터 테크 기업 등 글로벌 비즈니스와의 연계를 끊고, 경제성장과 불평등 해소를 동시에 추구하는 명료하고 실행 가능한 플랜의 마련, 그리고 민주당과 노동계급 간의 문화적 간격을 메우는 약속까지 '새로운 사회민주적 계약'이 필요하다.

이제 다시 진보 정부, 민주당 집권의 시기가 눈앞에 와 있다. 불법 계엄을 통해 헌정을 뒤집으려 한 세력에게 국민이 다시 정권을 주진 않겠지만 민주당에 정권을 넘기는 것에 대해 불안해하고 주저하는 분들이 적지 않은 것도 사실이다. 이런 우려에도 헌법위반의 탄핵 세력 응징 차원에서 참고, 민주당에 정권을 맡겨준다면 그 정부에 대한 평가는 아마 매우 까칠하고 인색할 것이다. 체감할만한 성과를 내지 못한다면, 약속을 저버린다면, 다름을 확실하게 보여주지 못한다면, 가차없이 비판하고 기회가 된다면 표를 통해 응징할 것이다.

한마디로 집권하더라도 녹록지 않은 상황이다. 잠시의 방심도 금물이다. 이제부터는 오롯이 민주당의 책임이다. 담대하게 진보적이어야 하고, 놀랄 만큼 유능해야 하고, 와 할 정도로 포용적이어야 한다. 미루고, 좁히고, 탓하면 망한다.

8.

우리가
다시 만드는
민주주의

박성민

일곱번째나라LAB 이사
전 대통령비서실 청년비서관

12.3 비상계엄이 선포된 뒤 평소 연락을 잘 하지 않거나 정치 얘기는 일절 하지 않던 친구들과도 연락이 닿았다. 소위 'MZ 세대'라는 이름에 갇혀 정치에 무관심한 이들 아니냐는 조롱이 무색하리만큼 대통령의 도 넘은 폭력에 충격과 공포를 느꼈고, 더 나아가 분노를 느꼈다는 친구들이 대부분이었다. 정치를 잘 모른다며 손사래 치던 친구들도 "이건 아니지"하며 시위에 나가 촛불과 응원봉을 들었고, 국회에서 대통령 탄핵소추안이 표결되는 과정을 간절한 마음을 담아 실시간으로 지켜보는 경우가 부지기수였다.

　정파성을 갖지 않아도 무엇이 옳고 그른지를 판단하는 감각은 누구보다 날카로웠고, 상식과 비상식을 가르는 기준이 무엇인지 선명하게 아는 이들이다. 국민의힘 의원들이 탄핵안 1차 표결에 집단적으로 불참했을 때 평소엔 그렇게 표를 달라고 하면서 왜 투표를 안 하느냐는 직격탄을 날리는 이들도 적지 않았다. 우리는 이토록 시대에 살아 숨 쉬며 행동하는 존재들이지 결코 뒤에서 뒷짐지고, 바라보는 이들이 아님이 분명하다.

나는 96년생 여성이다.

　생경한 '비상계엄'이라는 네 글자 앞에서 정치와 누구보다 멀리 있던 존재가 아니냐는 의문에 분명하게 답하고 싶은 것은, 우리 세대가 자라오면서 겪은 세월호 참사, 최순실의 국정농단과 박근혜 탄핵, 이태원 참사 그리고 오늘날의 비상계엄과 윤석열 탄핵까지 그 무엇하나 정치와 결부되어 있지 않은 것이 없다는 점이다. 무능하고 부패했던 정치가 남긴 상흔을 오롯하게 겪으며 자라난 세대라는 사실을, 분노한 시민들과 함께 호흡하며 성장해왔다는 것, 민주주의가 무너졌다 회복하는 그 모든 과정을 목도하고, 나아가 참여해 온 세대라는 점을 간과해서는 안 된다고 강조하고 싶다.

윤석열이라는 한 사람에 의해 국가에 닥친 정치적 불행에 좌절하고 분노했지만, 지금은 분노에만 머무를 때가 아니라는 걸 안다. 나는 지금이 민주주의의 붕괴를 딛고, 거대한 정치의 빙하기를 깨고 나아갈 적기라고 생각한다. 민주주의가 회복된다는 것. 이는 정치권에서 나서서 해야 할 일이기도 하겠으나 민주주의의 완성은 의식있는 시민들이 해내는 것이다. 시민이 주도하는 새로운 세상을 만드는 모멘텀이 생겨난 이 시점을 놓쳐선 안 된다는 절박함을 느낀다. 특히 2030 여성들이 주도적으로 참여하며 이끈 시대변화라니 이 얼마나 놀랍고도 중대하며 선명하도록 아름다운가!

하지만 여전히 정치권에서 이 젊은이들을 바라보는 시선은 납작하기만 하다. 단순히 '든든한 우군' 혹은 '재미있고 재치있는 세대'로 평가하는 시선이 우리를 설명할 수 있는 수식어의 전부일 수 없음에도 그저 다수의 응원자로만 뭉뚱그리는 그 평평한 시선들이 우려스럽다. '도와줘서 고맙다'가 아닌 '어떤 세상을 원하는가?', '무엇에 분노해왔는가?'라는 질문을 하는 게 우선임에도 질문을 하지 않는 점이 걸린다. 응원군이라 여기는 것이 문제라고 짚는 이유는 단순히 주인공을 응원해주는 객체로 바라보는 시선이 갖는 한계를 알기 때문이다. 시대의 다음 장을 여는 자리에 우리를 주체로 세우는 것이 아니라 또다시 우리를 배제한 채로 '그들만의 리그'가 만들어질까 우려스럽다.

우리는 세상을 다시 만들고 있다. 어그러진 것들을 바로잡고, 무너진 것들을 다시 세우며 세상의 상식과 원칙, 질서의 회복을 위해 행동하고 있다.

첫째, "왜 이렇게 행동하는가?"

윤석열의 행태가 명백하게 비상식이고 부정의이기 때문이다. 아무리 뜯어봐도 비상계엄을 선포할 명분이 없었다. 그러나 그는 했다. 국민의 자유를 제한하겠다는 폭력을 선포하고도 헌법기관의 침탈을 야당 핑계를 대며 절박함을 운운하며, 썩은 포장지를 둘러 자신의 행위를 통치행위라는 이름으로 정당화했다. 권력을 위해 친위쿠데타를 저질러놓고도 여전히 반성도, 제대로 된 사죄도 없다. 윤석열 대통령의 비상계엄 선포 행위는 그간 윤석열정권에서 자행해 온 오만과 독선의 정치의 정점을 찍은 것이다. 특정 언론사를 찍어내고(전용기 탑승 배제 등), 제1야당과의 제대로 된 소통도 하지 않고, 거부권만 남발하던 모습과 본인에게 비판적인 이들을 '반국가세력'으로 싸잡아 비판했던 그의 배타적 언어 그리고 대통령 경호라는 명목하에 국민들의 입을 틀어막고 끌어냈던 일관된 불통의 정치에서 한 치도 벗어나지 않았다.

비상계엄이 선포된 날 밤 국회 앞으로 달려가고, 윤석열 탄핵 촉구 집회에 응원봉을 들며 참여하고, 농민들의 절박한 호소에 귀 기울여 남태령으로 달려가 함께 싸우고, 전국장애인차별철폐연대(전장연)의 시위에 함께 행동하고, 대통령의 체포를 촉구하며 눈이 휘날리는 영하의 추위에도 보온용 은박지를 두르고 밤샘 시위를 벌이며 '키세스 전사'라고 불렸던 이들, 각지에서 방한용품과 후원을 함께 보내고 나누는 이들이 바로 여성 청년의 얼굴을 한 이들이었다.

우리가 우리만의 방식으로 새로운 질서를 만들어가는 이 시점을 주목해야 하는 이유는 바로 "이들이 왜?"라는 의문에서 시작될 수 있는 것이다. 우리는 너르게 연결되어 있고 행동하고 있다. 그리고 이렇게 함께하는 이들이 많다는 사실은 우리가 서로의 얼굴과 목소리를 확인하며 서로에게 위로를 건넨다.

내가 혼자가 아니라는 사실, 사회가 우리를 지워도 우리는 지워지지 않는다는 사실을. 그 안도감을 서로에게 허락한다. 더 이상 외롭지 않고, 더 이상 지워지지 않아도 된다는 사실을 서로의 존재로서 확인해준다. 윤석열이 저지른 비상식과 부정의, 폭력에 맞서서 함께 싸우며 말이다. 가시화되고 구체화 된 연대는 그 무엇보다 힘이 세다. 그렇게 사회의 변화를 위한 더 큰 동력이 만들어진다. 새로운 질서를 만들어가는 중심에 여성 청년들이 있다.

둘째, "2030 여성 청년들은 무엇을 외치고 있는가?"

무엇보다 정치의 정상화와 나라의 회복을 외친다. 윤석열 탄핵과 체포를 외쳤다. 국민을 향해 폭력의 정치를 선포한 대통령을 그 자리에 머무르게 하는 일은 불가능하다. 그러면서도 동시에 페미니즘, 기후, 인권, 성 소수자 관련 문제에 대해 외친다. 왜 평등과 연대의 가치를 논했을까. 윤석열 정부가 지금껏 포용과 평등, 연대의 가치를 괄시하며 배척해왔기 때문이다. 이런 정치를 더는 용인할 수 없다는 분노가, 그동안 켜켜이 쌓여온 분노가 12.3 불법 비상계엄을 기점으로 터져 나온 것이다.

광장은 단순히 투쟁의 공간으로만 자리하지 않는다. 광장은 투쟁의 공간이자 사회적 연대를 논하는 민주주의 회복의 장이자 민주주의 확장의 장이 되었다. 평등의 가치가 조명받고, 소외된 약자들의 목소리가 빛을 발하는 곳, 세상에 없는 존재처럼 여겨지던 존재들이 드러나고 연결되며 확장성을 발하는 곳이 된 것이다. 비상계엄이라는 행위 하나에 국한되지 않고 그간 대통령이 저질러 온 잘못에 대해 조목조목 지적하는 것이다. 윤석열 정권이 우리 사회를 얼마나 망쳐놓았는지, 무엇을 지워왔는지 말이다.

여성가족부 폐지를 내세우며 여성을 배척하고 차별을 용인했고, 노조를 불법을 자행하는 폭력집단으로 치부하고, 장애인의 목소리를 지워버리며, 차가운 능력주의와 기계적 공정 담론에 갇혀 서민과 약자들을 외면했던 이 정부가 남긴 수많은 실패가 사람들의 삶을 깎아내렸고 존재하는 이들의 목소리를 지워 왔지만, 이제는 그 모든 것에 저항하는 여성 청년들의 염원이 국가 정상화를 이끌어 나가는 것이다.

셋째, "그렇다면 정치권은 무엇을 해야 하는가?"

공론장의 구성과 내용을 바꿔야 한다. 기성정치의 담론으로부터 탈피해 새로운 담론의 장에 응원군이나 적극 투표층이란 이름으로 무대 뒤편으로 미뤄둔 여성 청년들을 다시 세워야 한다. 마냥 잡은 집토끼마냥 안심하고 홀대할 일이 아니라 목소리에 귀 기울이고 그들의 이야기를 받아들여야 하는 것이다. 새로운 진보적 담론을 만들고, 새로운 세상의 지향을 함께 만들어가야 할 때다. 객체가 아닌 주체로, 손님이 아닌 주인으로, 응원군이 아닌 주인공으로 다시 세워지는 민주주의의 장에 세워져야 하는 존재들이 여기에 있다.

터져 나오는 목소리에 귀 기울이고, 이름을 부르고, 지워져 온 얼굴을 다시 살피며 기억하는 것부터 새로운 시작의 출발은 가능한 것이다. 새로운 세대가 결합하는 민주주의의 모양은 그동안의 것과는 달라야 한다. 민주와 반민주의 역사를 넘어서 평등과 포용, 양극화 타파와 격차 해소의 기치를 전면에 내걸고 차별과 소외에 맞서는 정치가 필요한 때가 아닐까.

윤석열대통령이 남발했던 거부권에 맞서 우리는 응원봉을 든다. 윤석열을 거부한다고. 윤석열이 자행해 온 폭력적인 정치, 멸시의 정치, 배제와 불평등의 정치를 거부한다고 단호히 말한다. 탄핵 너머의 민주주의는 곧 죽어가던 사회적 연대의 소생과 연결된다. 약자들을 배제하고 배척했던 강약약강의 정부가 할퀴고 간 자리에 소외되고 사라진 이들의 목소리와 얼굴을 호명하며 다시금 우리 사회가 '우리'로 연결되는 감각의 회복이 도래한다.

지속 가능한 투쟁의 역사를 청년의 이름으로 새롭게 써 내려가는 지금, 무엇이 정의이고 무엇이 부정의였는지 모든 것이 선명해지는 바로 지금이 민주주의와 사회적 연대를 다시 세울 때다. 평등과 포용을 전면에 내걸고 새롭게 열어갈 민주주의의 2막은 이미 열렸다.

일곱번째
나라
계간

사회계약 편

⑨ 정권교체가 실망으로 반복되지 않기 위해
윤홍식

⑩ 역량 기반의 지속 가능한 성장 : 전환적 신경제 패러다임
주병기

⑪ 한국형 뉴딜 연합의 조세재정 개혁
정세은

⑫ 좋은 복지국가를 위한 새로운 사회계약
김연명

⑬ 새로운 시대, 정의로운 노동
정흥준

⑭ 돌봄 중심, 복지국가 재편이 필요하다
김진석

⑮ 두 개의 거대한 촛불, 이번엔 회군하면 안 된다.
: 대선공약, 대한민국 2050공론화위원회
최정묵

9.

정권교체가 실망으로 반복되지 않기 위해

윤홍식

인하대학교 사회복지학과 교수
복지국가재구조화연구센터장

들어가며

　윤석열 탄핵이 더 나은 사회를 만들 수 있을까? 2016-17년 박근혜 탄핵은 1990년대 이후 점점 심각해지는 사회·경제적 위기를 완화할 수 있는 전기처럼 보였다. 시민의 대다수는 '불의한 박근혜 정부'가 물러나면, 더 살기 좋은 세상을 만들어 갈 수 있을 것으로 기대했다. 그러나 시민은 기대가 실망으로 뒤바뀐 현실을 목도 해야 했다. 문재인 대통령에 대한 직무 수행 평가를 보면 집권 1년 차 1분기 긍정 평가는 81%에서 집권 5년 차 4분기 42%로 절반 가까이 감소했고, 부정 평가는 11%에서 51%로 5배 가까이 높아졌다.[1]

　사회경제적 이동성의 저하로 대표되는 사회경제적 문제는 점점 더 심각해지면서 세습 자본주의가 고착화 되어 갔다. 문재인 정부만의 문제는 아니었다. 1987년 민주화 이후 국민 대다수는 정부가 바뀔 때마다 엄청난 기대가 엄청난 실망으로 끝나는 참담한 현실을 지켜보아야 했다. 기대가 실망으로 끝나는 것이 자본주의 체제에서 민주적으로 선출된 정부의 피할 수 없는 운명이라면, 안타깝지만 (체제를 전환하지 않는 한) 우리는 그 운명에 순응해야 할지도 모른다. 그러나 모든 정부가 동일한 운명을 직면했던 것은 아니다. 앙겔라 메르켈 독일 총리는 15년을 집권하면서 단 한 번도 긍정 평가가 부정 평가보다 낮지 않았다. 메르켈 총리의 국정운영에 대한 긍정 평가 비율은 정권이 출범한 2006년 10월

---

① 한국갤럽 (2024) '한국갤럽 데일리 오피니언' 제570~608호 월별·연간 통합.

77%에서 2021년 12월 퇴임 시도 76%로 집권 초와 거의 같았다.[2]

　보수정권의 대통령이 연이어 임기를 채우지 못하고 물러나는 것이 한국 민주주의에 어떤 상흔을 남길지 지금으로선 판단하기 어렵다. 하지만 헌법을 유린하고 민주주의를 짓밟은 대통령과 그 정부를 그대로 둘 수는 없다. 그러나 그 다음은? 윤석열만 몰아내면, 살만한 세상이 찾아오는가? 정권교체는 어떤가? 정권이 교체되면, 평범한 사람들은 더 살만해지나? 정권교체가 필요 없다는 것이 아니다. 현재 한국 사회에서 정권교체로 무엇을 할 수 있는지 묻는 것이다.

　민주주의의 회복을 위해 정권교체가 필요하다. 보수정부가 등장할 때마다 한국 민주주의는 심각한 위협에 직면해 한국 민주주의의 민주주의 수준은 (권위주의 체제의 연장이라고 비판받았던) 노태우 정부 시기로 퇴행을 반복했다.[3] 스웨덴에서 발간하는 '민주주의 리포트 2024'는 한국을 심지어 인도, 멕시코, 인도네시아, 미얀마, 파키스탄, 필리핀과 함께 아시아에서 독재화되고 있는 국가 중 하나로 분류했다.[4] 민주주의가 제자리를 찾기 위해 정권교체가 필요하다. 하지만 정권교체의 역할은 딱 거기까지다. 민주주의는 그 자체로 평등을 보장해 주지도, 사회경

---

[2] Pew Research Center (2021) "Merkel will end her tenure in office as a leader who was internationally popular during tumultuous times" September 22, 2021.
[3] V-Dem Institution (2024) "Country Graph: South Korea" https://www.v-dem.net/data_analysis/CountryGraph/ (접속일, 2025. 1. 2).

제적 위기를 완화하지도 않기 때문이다. ==그렇다면 우리의 질문은 민주주의 회복을 넘어 정권교체가 무엇을 할 수 있는지, 해야 하는지 묻는 것이 되어야 한다.==

==지금 우리가 서 있는 곳==

이런 관점에서 민주화 이후 한국의 생산·복지·정치체제의 특성을 개략해 보자.

먼저 생산체제를 보면, 한국은 대기업 집단이 숙련 노동을 자동화로 대체해 임금과 노동조건을 조정하는 산업관계가 중심인 체제이다. 숙련 또한 작업장 숙련에 기초한 특정 기업에 특화된 숙련보다는 고등교육을 통해 자동화 설비를 운영할 수 있는 표준화된 (일반)숙련을 습득한 엔지니어에 대한 수요가 높은 체제이다. 기업의 지배구조는 소수의 지분을 가진 가족이 대기업 집단을 지배하는 구조이고 기업 간 관계 보다는 대기업 집단 내의 조정이 핵심적인 체제이다. 내수와 수출, 제조업과 서비스업이라는 측면에서 보면 성장동력은 내수보다는 수출, 서비스업보다는 (가격에 상대적으로 민감한) 제조업 중심의 생산체제이다. 지배구조와 기업 간 관계는 1950년대 적산불하를 통해 대기업 집단이 만들어지기 시작하면서 형성되기 시작해 1960년대 급격한 산업화가 진행되면서

---

④ V-Dem Institution (2024) Democracy report 2024: Democracy winning and losing at the ballot. University of Gothenburg.

한국 생산체제의 특성이 되었다. 산업관계, 숙련형성, 수출 중심의 특성은 1990년대부터 본격화되었다. 특히 1990년대 이후 강화된 생산체제의 특성은 노동시장에서 상대적으로 괜찮은 일자리를 줄이고 나쁜 일자리를 늘리는 중요한 원인이 되었다. 250인(300인) 이상을 고용한 대규모 사업체의 고용 비중은 1993년 31.8%에서[5] 2014년에는 12.8%로 급감했다.[6] 한국은 OECD 회원국 중 기업규모에 따른 생산성과 임금 격차가 예외적일 정도로 큰 나라가 되었다.[7] 더 심각한 문제는 대기업 집단이 숙련을 자동화로 대체하면서 중소기업에서 대기업으로 노동력이 이동할 수 있는 가능성이 차단되었다는 것이다. 2015-16년 기준으로 중소규모사업체 노동자가 대규모 사업체로 이직하는 비율은 2%에 그쳤다.[8]

---

[5] 여기서 대기업은 250인 이상을 고용하는 대규모 사업체를 지칭하는 용어로 사용했다. 1993년은 300인 이상을 고용한 대기업의 비율. OECD 통계가 없어 국내 통계를 사용했다. 250인을 기준으로 사용하면, 수치는 더 급격하게 감소했을 것이다. 신석하. 2004. "외환위기 이후 고용상황 변화에 대한 연구." 한국개발원 엮음, 『한국경제 구조변화와 고용창출』, pp. 79-162. 서울: 한국개발원.
[6] OECD. 2011. Entrepreneurship at a Glance 2011, OECD Publishing, Paris, https://doi.org/10.1787/9789264097711-en. OECD. 2017. Entrepreneurship at a Glance 2017, OECD Publishing, Paris, https://doi.org/10.1787/entrepreneur_aag-2017-en.
[7] OECD, Entrepreneurship at a Glance 2017. OECD. 2016. "Promoting Productivity and Equality: Twin Challenges", OECD Economic Outlook, No. 99.
[8] 전병유. 황인도. 박광용. 2018. "노동시장의 이중구조와 정책대응: 해외사례를 및 시사점." BOK 경제연구. 제2018-40호.

이런 생산체제의 특성은 한국의 복지체제의 특성과도 밀접한 관련이 있다. 1998년 김대중 정부의 출범과 2010년 무상급식 논쟁을 거치면서 한국은 (암묵적으로) 보편적 복지를 지향했지만, 현실은 보편적 복지와는 큰 차이가 있다. 많은 부분이 개선되었지만, 안정적 고용관계에 기반한 사회보험을 중심으로 복지를 확대하면서 불안정 고용상태에 있는 노동자와 취업자의 20%가 넘는 영세자영업자가 공적 복지에서 배제되는 '역진적 선별주의 복지체제'가 만들어졌다.[9]

돌봄과 관련해서도 사회적 비용을 최소화하기 위해 그 책임을 가족과 민간에게 넘기는 방식으로 사회서비스를 제도화했다. 이런 복지체제는 보편성이라는 측면에서 비판받을 수 있지만, 핵심 노동자를 보호하고 사회적 비용을 낮추어 대기업 집단이 주도하는 제조업의 수출 경쟁력을 높인다는 측면에서 한국의 생산체제에 부합하는 방식이라고 할 수도 있다.

'보수적 리버럴 정당'과 '권위주의적 보수정당'이 독점하는 우편향된 양당제 중심의 다수제와 대통령제는 다양한 국민의 이해를 반영해 합의를 통해 생산체제와 복지체제를 조정해 사회경제적 위기를 완화하는 역량을 최소화시켰다.

반대로 국가는 대통령을 중심으로, 대기업 집단은 총수를 중심으

---

[9] 윤홍식 (2019) 『한국 복지국가의 기원과 궤적 1』 서울: 사회평론아카데미.

로 생산과 분배를 위계적으로 조정한다. 더욱이 '보수적 리버럴 정당'과 '권위주의적 보수정당'이 경쟁하는 대통령 선거를 거치면서 유권자를 동원하기 위해 양적으로 공적 복지가 확대되었지만, 생산체제와 정치체제의 핵심은 물론 사회보험 중심의 복지체제의 성격도 지난 30년 동안 거의 변화하지 않았다.[10]

예를 들어, 대통령 후보 시절 대기업 집단 중심의 생산체제를 전환하겠다고 공언했지만, 역설적이게도 김대중·노무현·문재인정부를 거치면서 한국경제의 대기업 집단 중심성은 오히려 더 강화되었다.[11] 대기업 집단의 이해를 반영하는 생산체제는 정권교체와 관계없이 지난 60년 동안 지속되었다. 민주화 이후 1998년 30대 대기업 집단의 GDP 대비 매출액 비중은 47.5%였지만, 2023년을 기준으로 30대 대기업 집단의 GDP 대비 매출액은 무려 76.9%에 달했다. 2019년 70.7%보다도 불과 4년 만에 6.2%p 높아졌다.[12] 정권교체가 선거·대의 민주주의와 법치, 견제와 균형,

---

⑩ 생산체제의 핵심은 대기업 집단, 제조업, 자동화, 수출 중심, 정치체제의 핵심은 보수적 리버럴 정당과 권위적 보수정당, 양당이 독점하는 대통령 중심의 다수제를 이야기한다.
⑪ 조태근, (2007) "시장 지배를 향한 노무현 정부와 재벌의 동거." 『월간말』, 252: 130-135. 한겨레, (2018) "재벌개혁 갈 길 먼…문재인 정부, 삼성에 또 구애?" 2018. 7. 31
⑫ 황인학 이인권 서정환 이병기 한현옥 2000 재벌구조와 재벌정책: 평가와 과제. 서울: 한국경제연구원. 한국세정신문 (2024) "4대 대기업 매출액, GDP 대비 40% 넘어서….경제력 집중 심화." 2024년 10월 10일. http://www.taxtimes.co.kr/news/article.html?no=266662 (접속일, 2025. 1. 3).

시민의 자유 등 자유 민주주의 회복에 그치고, 시민이 기대와 실망을 반복하는 이유이다.

2025년 전망? 어렵지 않다

2025년 이후 사회정책의 전망이 궁금한가? 대답은 간단하다. 현재와 같은 생산·복지·정치체제가 지속되는 한 한국이라는 국가는 지금까지 그래왔던 것처럼 내외적 위기 대응해 세계 시장에서 경쟁을 명분으로 대기업 집단의 경쟁력을 강화하는 생산과 분배를 유지·강화할 가능성이 매우 높다.

실제로 삼성전자의 경쟁력이 TSMC와 같은 경쟁사에 뒤처지자 삼성전자는 반도체 산업의 경쟁력을 강화한다는 명분으로 국회에 '주 52시간 노동상한제 적용제외'를 담은 '특별연장근로 사용요건 완화'를 입법화해 줄 것을 국회에 요구했다.[13] 곳곳에서 이런 식의 요구가 거세질 것이다.

결국 2025년 정권교체는 '리버럴 민주주의' 질서를 회복하는 것에 그치고 사회경제적 위기는 더 심화될 것이다. 그렇다면 정권교체 이후 시민에게 남는 선택지는 무엇인가? 다섯 번째 정권을 교체해도 소용이

---

⑬ 한겨레 (2024) "삼성 반도체 경쟁력 부족은 근로시간 아닌 기업무능 탓". 2024년 12월 24일. 11면.

없다면, 어떤 선택이 시민에게 남겠는가.

평범한 사람들에게 잠재되어 있는 경제는 '박정희·전두환 때가 좋았어'라는 의식이 민주적 선거를 통해 포퓰리즘으로 위장한 파시즘이라는 극단적 선택으로 이어질 가능성을 배제할 수 없다.

유럽과 미국을 보라. 우리라고 예외이겠는가? 한국 사회의 진단, 전망, 과제가 제도로서 사회정책을 넘어 민주주의와 생산의 문제를 포괄해야 하는 이유이다. 생산과 분배라는 경제와 복지는 결국 자원을 얼마나, 어떻게 배분할 것인지를 둘러싼 정치의 문제이기 때문이다.

정권교체가 실망으로 반복되지 않기 위해

지금 우리에게 필요한 것은 행정부가 독점하고, 대기업 집단의 총수가 독점하는 조정 기제를 대신해 생산과 분배를 조정할 수 있는 새로운 기제를 만들어가는 것이다. 그리고 그 기제는 산업관계, 숙련형성 등 생산체제를 구성하는 요소와 재분배 방식과 수준을 결정하는 복지체제를 작동시키는 제도적 기반인 정치체제를 새롭게 재편하는 것이 되어야 한다.

12·3 내란에 놀라 단순히 대통령에게 집중된 권한을 분산시키자는 주장은 하책 중에서도 하책이다. 한국 사회는 내외적 위기·재편·전환에

효과적으로 대응할 수 있는 <mark>역량 있고 힘 있는 정부가 필요하다. 하지만 12·3 내란 사태에서 보듯 행정부에 집중된 권한 또한 분산시켜야 하는 모순적 과제를 안고 있다.</mark>

즉, 체제를 전환할 수 있는 역량 있는 정부를 만드는 동시에 그 정부가 국민의 의지에 반할 때 지체없이 그 정부를 견제할 분산된 권력구조 또한 필요하다는 것이다.

대의 민주주의 체제에서 (한국의 경우 대통령) 선거를 제외하면 일반 국민이 권력의 전횡을 심판할 합법적 수단을 찾는 것이 쉽지 않다는 현실을 고려할 때 선거와 선거 사이에 집중된 권력을 항시적으로 견제할 분권이 반드시 필요하다.

생산체제 또한 변화하는 세계경제에 신속하게 대응할 수 있는 계층화된 조정기제가 필요하지만, 동시에 (전국 단위건 산별 단위건 지역 단위 건) 자본과 노동의 공통의 이해를 늘려갈 수 있는 조정기제도 필요하다.

또한 사회적 합의를 통해 방향이 결정되면, 단기적 성과에 연연하지 않고 중장기적으로 그 합의를 지속할 수 있는 기제도 필요가 있다.

공적 복지의 보편적 확대는 그 전환의 과정에서 반드시 건너야 할 눈물의 계곡을 넘을 수 있는 안전판이 되어야 한다. 국내외 위기·재편·전환에 대응하는 것은 단기적 과제가 아니라 중장기적 과제이기 때문이다.

10.

역량 기반의 지속 가능한 성장 : 전환적 신경제 패러다임

주병기

서울대학교 경제학과 교수
서울대학교 경제연구소 분배정의연구센터장

「포용적 경제제도가 포용적 시장을 만들고 포용적 시장은 개개인의 능력과 적성에 맞는 직업을 선택할 자유를 보장할 뿐만 아니라 그런 직업을 찾기 위한 공평한 기회를 제공한다. 좋은 아이디어를 가진 이들이 사업을 할 수 있고, 자신의 생산성이 더 높은 분야를 찾아 일할 수 있고, 비효율적인 기업이 더 효율적인 기업에 의해 대체된다. (…)
포용적 경제제도는 번영의 다른 두 엔진, 기술과 교육의 개선으로 이어진다. 지속적 경제성장은 거의 언제나 노동, 토지와 자본이 더 생산적이 되도록 하는 기술 발전과 함께 이루어진다. (…) 포용적 시장을 이용하고 기술혁신을 장려하며, 사람에 투자하고 수많은 사람의 재능과 기술을 동원하는 경제제도의 역량이 경제성장을 위해 중요하다.」
(Acemoglue & Robinson, 2013, Why Nations Fail?, Ch.3)

지속 가능한 성장과 경제발전은 성숙한 민주주의와 포용적 제도 속에서 이루어질 수 있다는 것이 경제학자들이 오랜 연구를 통해 밝혀낸 경제발전의 원리이다.

2024년 노벨경제학상을 수상한 대런 아세모글루와 로빈슨은 그들의 저서 <왜 국가는 실패하는가?>에서 경제성장을 추동하는 번영의 엔진을 개선하기 위해 인적 역량 그리고 정치, 사회 및 경제제도의 역량의 중요성을 강조하고 있다. 고도화된 인적 역량 그리고 이를 위해 모든 사람에 투자하고, 개개인의 재능과 기술을 효율적으로 동원할 수 있는 제도의 역량이 번영의 엔진을 개선하고 성장과 경제발전을 지속할 수 있는 기반이라는 것이다.

과거 대한민국보다 더 높은 경제발전 단계에 있었던 대부분의 개발도상국들은 아직도 선진국과의 격차를 줄이지 못하고 발전단계를 고도화할 수 없었다. 발전을 지속하기 위해 필요한 인적, 제도적 역량의 성숙이 이루어지지 못했기 때문이다. 그 원인을 아세모글루와 로빈슨은 착취적 정치제도와 착취적 경제제도에서 찾고 있다.

「특권 집단이 경제발전과 번영의 원동력의 대척점에 있는 경우를 흔히 볼 수 있다. 경제발전은 더 많은 그리고 더 좋은 기계와 교육을 받은 사람들이 도입되는 과정만이 아니라 전환적이고 안정을 거부하는 창조적 파괴의 과정이다. 따라서 특권을 잃게 될 것을 예상하는 경제적 퇴보자[loser]와 권력 손상을 두려워하는 정치적 퇴보자[loser, 수구세력]에 의해 가로막히지 않을 때만 [지속적 경제] 성장이 이루어질 수 있다.」
(Acemoglue & Robinson, 2013, Why Nations Fail?, Ch.3)

이처럼 착취적 권위주의와 독재를 청산하고 교육과 인적자본의 축적을 통하여 역량 고도화를 지속할 수 있었던 것이 대한민국, 대만, 일본과 같은 동아시아 국가들이 경제발전을 지속하고 선진국 단계에 진입할 수 있었던 요인이라는 것이 개발경제학과 경제성장론을 연구하는 많은 연구자들에 의해 잘 알려진 사실이다.[14] 이러한 지속 가능한 경제성장과 발

---

[14] 동아시아 국가들의 성공적 경제발전에서 교육과 인적자본 축적의 기여에 대해서는 Romer(1986, 1994), Lucas(1988), Baro (1990), Benabou(1996), Todaro(1997), Acemoglue et al. (2002) 등 경제성장론과 개발경제학 분야의 수많은 연구에 의해 잘 알려져 있다.

전의 원리는 선진국 단계에 진입하여서도 변함없이 적용된다.

핀란드 국내총생산에서 큰 비중을 차지했던 기업 노키아(Nokia)의 쇠락은 핀란드 경제를 위기에 빠뜨렸다. 그러나 핀란드의 성숙한 민주주의, 인적 역량과 제도적 역량의 회복력에 힘입어 핀란드는 혁신적 창업과 벤처로 경제성장과 발전을 지속할 수 있었다. 이와 대조적으로 일본은 90년대 위기 이후 지속된 장기적 저성장의 함정에서 빠져나오지 못하고 있다. 자민당의 장기 집권, 경직적인 관료 사회 등 권위주의적인 정치제도 속에서 장기간 침체된 경제에 활력을 불어넣을 수 있는 개혁과 혁신이 이루어지지 못했다. 같은 사례는 근대 유럽에서도 찾을 수 있다. 애덤 스미스는 <국부론>에서 후발국 영국이 스페인을 추월하여 발전할 수 있었던 원동력을 그가 자연적 자유의 시스템이라고 말했던 민주주의와 포용적 경제 제도에서 찾았다.

선진국 단계에 접어든 대한민국 경제가 일본이 겪었던 저성장 함정을 피하려면 경제발전 단계에 걸맞도록 성숙한 민주주의, 포용적 정치제도와 공정하고 혁신적인 경제제도로의 개혁을 위해 끊임없이 노력해야 한다. 그것은 국민 모두의 역량을 키우고 고도화하는 길이고 개개인의 역량과 기술을 적재적소에 배치하는 제도의 역량을 키우는 길이다. 이처럼 인적 역량과 제도적 역량이 뒷받침할 때 경제성장과 발전을 지속할 수 있다는 것이 애덤 스미스에서 대런 아세모글루에 이르기까지 오랜 경제학의 역사 속에서 변함없이 확인된 번영의 기본원리이다.

1. 추격형 발전국가 체제의 한계와 역량 지체 현상

1950년대 최빈국에서 현재 선진국 단계에 이른 대한민국의 성공적인 경제발전의 주요인을 경제학자들은 농지개혁과 같이 경제개발 초기 단계의 평등한 자산배분 그리고 교육과 인적자본의 축적에서 찾는다.

오랜 군사독재 체제 속에서 정경유착과 착취적 경제체제가 뿌리내렸으나, 경제개발의 초기 단계부터 공교육이 빠르게 확산되었고, 국민들의 높은 교육열 속에서 인적자본의 축적과 고도화가 지속되었던 것이 이런 고속성장의 주요인이었다. 1987년 민주화 이후에도 1990년대 말까지 대한민국 경제는 8% 이상의 빠른 경제성장을 지속하였다. 특히 민주화 이전에도 고등교육을 받은 인력 공급이 빠르게 확대되었고 그렇게 형성된 충분한 과학기술자와 엔지니어 인력이 민주화 이후인 1990년대 그리고 2000년대 주력 산업의 기술발전을 이끌었다. 민주화 이전에 대학 교육을 마쳤던 베이비붐 세대의 높은 인적 역량이 기반이 되어 반도체, 자동차, 정보통신, 가전, 석유화학 등 대한민국 주력산업의 기술 발전과 국제경쟁력 강화가 이루어졌고, 그 결과 경제성장이 지속되었을 뿐 아니라 선진국과의 기술격차도 크게 줄여 그 후 선진국 수준의 발전단계에 진입할 수 있는 발판이 만들어졌다.

공교육과 고등교육 그리고 투자와 R&D를 통해 인적 역량을 육성하는 것만으로 경제발전을 지속하는 데는 한계가 있다. 민주주의와 정치

및 경제 제도의 역량이 성숙해야만 인적 역량의 고도화를 위한 투자가 효율적으로 이루어지고, 인적 역량, 자본과 기술의 효율적 배분이 이루어지기 때문이다.

대한민국의 제도적 역량은 추격형 발전국가 체제의 면모를 크게 벗어나지 못했다. 성숙한 민주주의의 발전과 공정하고 혁신적인 시장 제도, 성숙한 자본주의의 발전이 아직도 이루어지지 못했다고 평가된다. 이런 추격형 발전국가 체제의 한계와 제도의 역량 지체 현상이 2000년대 이후 지속적으로 감소하는 성장잠재력에서 확인되고 있다.

1990년대 말 외환위기 이후 대한민국의 경제성장률은 6% 미만으로 하락하기 시작했고, 2015년에는 세계경제성장률 미만으로 하락하였으며 최근 OECD 회원국 평균 수준에 접근하였다(<그림 1> 참고). 이 추세가 지속된다면 조만간 OECD 회원국 평균 수준 미만으로 하락하여 선발 선진국과의 발전 격차가 다시 커지게 될 수밖에 없다.

특히 2010년대의 성장률 둔화는 총요소생산성 증가율의 급락이 주요인이라고 알려져 있다. 2000년대 1.9%의 총요소생산성 증가율이 2010년대 그 절반에도 못 미치는 0.7%로 하락한 것이다. 재벌 대기업 집단 내의 자원배분의 비효율성이 총요소생산성 지체의 원인으로 지목되고 있다(조덕상, 2017). 총요소생산성 증가율이 개선되지 않는다면 장기 경제성장률을 2%대로 유지하기는 힘들다는 전망이다(KDI 경제전망, 2022년 11월).

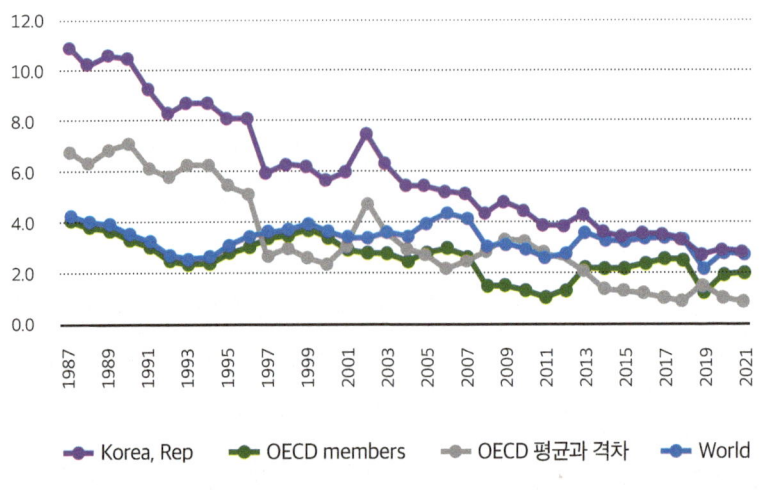

<그림 1> GDP 성장률(5년 평균 성장률)의 변화

단위: 퍼센트(%) / 자료: World Bank

　불투명한 정실자본주의의 잔재, 특히 재벌 경제력 집중의 문제, 재벌과 대기업 집단의 비합리적인 지배구조와 지배주주에 의한 사익편취의 문제 등을 해결해야 시장의 자율적 자원배분 역량이 성숙할 수 있고 생산성이 높은 중소기업이 성장할 수 있는 공간이 만들어진다. 이 밖에도 약탈적 대기업-중소기업 관계와 착취적 하도급 거래, 그리고 이중화된 노동시장 등 추격형 발전국가 체제 속에서 만들어진 구조적 문제를 외면한다면 성장잠재력의 추세전환은 어려울 수밖에 없다.

　대한민국 경제의 지속 가능한 성장을 위해서는 보다 성숙한 인적, 제도적 역량 기반을 강화할 수 있는 방향의 경로 전환이 필요하다. 이를 위해 착취적 경제 제도의 구조적 문제를 해결함으로써 사람과 제도의 역량을 키우는 새로운 정책 패러다임이 필요하다.

성숙한 민주주의와 성숙한 자본주의로의 개혁을 통해 포용적 정치와 공정한 시장의 제도적 역량을 키워야 한다. 이렇게 성숙해진 제도적 역량 속에서 인적 역량을 키우는 투자가 효율적으로 전개될 수 있고, 인적 역량과 기술이 적재적소에 배치될 수 있다. 이런 역량 기반의 지속 성장전략은 OECD와 세계은행과 같은 국제기구에서 오랫동안 강조되어 온 포용적 성장전략과도 일치한다. 고도의 인적자본 축적, 혁신적 창업과 기술개발의 인센티브가 활성화되려면 창의적 교육의 기회평등 그리고 창업과 기업성장의 기회평등이 보장되는 포용적 국가제도와 공정한 시장제도를 발전시켜야 한다(Commission on Growth and Development, 2008; OECD 2008, 2014). 포용적 성장 역시 튼튼한 인적 역량과 제도적 역량의 기반 위에서 이루어짐을 확인할 수 있다.

2. 역량 기반의 지속 가능한 성장과 신경제 전환을 위한 경제 및 사회정책

경제적 불평등은 계층 간 장벽을 높이고 국민 다수를 교육하여 인적자본을 축적하는데 해로운 조건을 형성함으로써 경제성장이 지속되기 어렵게 한다. 아울러 경제적 불평등은 사회적 신뢰와 연대를 약화시키고, 사회 갈등과 정치 불안정을 야기함으로써 경제성장이 지속되기 어렵게 한다(Rodrik, 1999; Ostry et al. 2014; Easterly, 2007).

대한민국은 대부분의 선진국이 1970년대 이후 50년 이상의 장기간에 걸쳐 경험했던 경제적 불평등과 격차의 심화 현상을 20여 년이란 짧은 기간에 걸쳐 경험하고 있다. 가장 심각한 불평등은 자본과 노동 간의 분배를 결정하는 노동시장에서 발생한다.

노동소득 격차를 말해주는 저임금 노동자 비율, 임금 백분율 등의 지표는 2000년대 이후 OECD 회원국 중 최상위권을 지속하였다. 상대적 빈곤율, 노인빈곤율 등 주요 불평등 지표도 최상위권을 기록하고 있다(OECD 2023). 이처럼 빠르게 악화된 불평등과 양극화를 완화하는 복지와 사회안전망의 확충 그리고 국가의 재분배 기능의 강화는 매우 더디게 이루어져 OECD 회원국 최하위권을 벗어나지 못하고 있다(OECD 2021). 국민 전반의 역량 고도화와 효율적 역량 배치가 이루어지려면, 이와 같은 경제적 불평등의 폐해를 효율적으로 관리하고 사회의 지속가능성을 높이는 전략이 필요하다.

지속가능한 사회를 위한 전략

튼튼한 역량 기반을 구축하기 위하여 가장 기본적인 전략은 시장에서 발생하는 경제적 불평등을 완화하고 계층 간 장벽을 낮추기 위해 국가의 재분배 기능을 확충하는 것이다. 계층이동이 활발한 사회를 만들어야 교육과 인적자본 축적을 통한 계층 상승의 동기가 살아나고 모든 국민이 역량 강화를 위해 노력할 동기도 커질 수 있다. 아울러 복지와 사회안전망을 확충함으로써 모든 국민이 최소한의 삶의 질을 유지할 수 있도록 해야 역량 고도화의 발판이 만들어진다.

플랫폼 노동이나 특수고용직 등 새로운 형태의 노동시장이 확대되는 흐름 속에서 고용보험과 같은 사회안전망의 사각지대도 커지고 있다. 대한민국의 사회복지 지출 수준은 OECD 평균의 절반을 조금 넘는 수준(2019년 기준 12.2%, OECD 평균 20.0%)이며, 소득재분배기능 또한 OECD 최하위권에 머물러 있다. 이는 복지선진국으로의 길이 아직도 멀다는 것을 말해준다.

포용적 노동시장을 위한 전략

이중구조로 양극화된 노동시장은 다수 노동자들의 역량을 키우기 어려운 환경이 되고 있다. 열악하고 위험한 직무 환경의 문제, 선진국 중 최장 노동시간의 문제, 임금 격차의 문제 등을 해결하고, 사람의 역량을 파괴하는 노동시장을 사람의 역량을 키우는 포용적 노동시장으로 전환해야 한다.

세계에서 가장 낮은 초저출산율의 문제는 노동시장의 이중구조, 성별 간 차별, 소득과 자산 불평등, 계층 간 교육격차, 수도권 집중화와 지방 소멸 등 당면한 여러 사회경제적 문제가 결합한 결과이다. 따라서 노동의 질적 고도화, 인적 역량과 다양한 사회경제적 제도의 역량을 높이는 방향의 통합적 문제 해결 방안이 마련되어야 한다.

공정한 시장경제를 위한 전략

대한민국은 소수의 재벌과 대기업에 국가의 자원과 특권을 집중하고 국내 산업을 육성함으로써 고속 경제성장을 이루었다. 이 과정에서 소수의 재벌이 특권을 누리며 경제력을 강화하고 불공정하고 후진적인 시장 질서가 뿌리내리는 부작용도 누적되었다.

재벌의 경제력 집중이 혁신적인 기업의 진입을 막고, 지배주주에 의한 약탈적 사익 추구 행위에 악용되기도 하여 혁신을 저하하고, 비효율적 자원배분과 불공정의 온상이 되는 폐해를 낳고 있다. 재벌가의 지배주주가, 적은 지분으로도 기업의 경영권을 장악하고 사적 이익을 위해 기업에 손해를 입히거나 다른 주주의 권리를 침해해도 적절한 제재나 처벌이 이루어지지 않고 있다.

이처럼 국민 경제가 창출한 수익을 소수의 특권 세력이 독점하면 중소기업과 노동자들에게 돌아갈 몫은 줄어들 수밖에 없고 경제적 불평등과 양극화를 심화시키는 결과로 이어진다.

재벌과 대기업의 불공정한 경제력 행사와 지대추구 행위가 허용되는 후진적 시장 질서를 하루빨리 청산해야 한다. 재벌 경제력 집중의 문제, 재벌과 대기업 집단의 비합리적인 지배구조와 지배주주에 의한 사익편취의 문제, 협력업체에 대한 부당한 납품단가 인하와 기술탈취 등 한국

자본주의의 불공정한 시장질서를 바로잡고, 중소기업·벤처·소상공인 등 경제적 약자에게도 공정한 기회가 보장되는 시장 질서를 구축해야 한다.

이렇게 만들어진 공정한 경제 제도의 역량을 통해 사람에 대한 투자의 기회를 확대하고 혁신적인 기술에 대한 선별 그리고 창업과 기업성장의 공평한 기회를 보장할 수 있게 된다.

인적역량 고도화를 위한 전략

사회경제적 불평등과 양극화는 초중등 교육과 대학입시제도에서 발생하는 계층 간 교육격차의 문제를 포괄한다. 초중등 교육 단계에서 발생하는 경쟁적이고 소모적 교육비 지출의 문제와 지역 간 사회계층 간 교육격차의 문제는 교육을 통한 세대 간 계층이동을 어렵게 하여 인적역량 강화를 위한 노력과 투자를 위축시킨다. 초중등 교육과 대학 교육에서의 계층 간 격차를 줄이는 방향의 개혁을 통해 국민 전체적으로 인적역량의 고도화의 동기를 강화할 수 있다.

대학교육의 기회불평등은 최소화하고 대학원 연구역량을 강화하는 연구개발 중심의 고등교육 투자를 확대하여 대한민국 경제의 미래를 여는 신산업과 신기술 개발의 원천이 되도록 해야 한다. 아울러 직업 및 평생 교육 시스템의 혁신적 전환을 통해 인적 역량의 고도화를 전 생애주기에 걸쳐 지속할 수 있는 제도적 역량이 확충되어야 한다.

정의로운 전환을 위한 전략

지금 세계는 2050년까지 탄소중립사회로의 전환이라는 중대한 도전에 직면해 있다. 한 나라의 지속적 경제발전이 탄소중립사회로의 전환에 성공하느냐에 달려있다고 해도 과언이 아니다.

이를 위해 화석연료 에너지에서 재생 에너지로의 전환이 필수적이다. 이러한 에너지 전환은 발전산업을 비롯하여 탄소배출에 의존하는 산업과 지역경제에 큰 타격을 입힌다. 전환 과정에서 발생할 이해충돌과 사회갈등이 성공적인 에너지 전환의 가장 큰 걸림돌이다.

따라서 특정 지역 혹은 특정 부문에 고통이 집중되지 않도록, 에너지 전환의 책임을 모든 국민이 공유하는 정의로운 전환이 필요하다. 양질의 녹색 일자리 창출과 일자리 전환을 위한 노동시장 정책, 재생 에너지와 녹색 산업이 확대될 수 있도록 인센티브를 부여하는 새로운 규제 설계, 지역경제의 녹색 전환을 위한 사회적 협의체 구성 등이 시급히 진행되어야 한다.

에너지 전환의 성과를 비교하면 대한민국은 OECD 회원국 중에서 최하위권에 있다. 지정학적으로도 에너지 전환에 매우 불리한 여건에 있다. 경제성장을 지속하는데 탄소배출이 걸림돌이 되지 않도록 성공적인 에너지 전환을 위한 인적, 제도적 역량을 하루빨리 확충해야 한다.

참고문헌

- Acemoglu, Daron, Simon Johnson, James A. Robinson, 2002, "Reversal of fortune: Geography and institutions in the making of the modern world income distribution", Quarterly Journal of Economics, 117, 1231-1294.

- Aghion, P., Caloli, E. and Garcia-Penalosa, C., 1999, "Inequality and growth: The perspective of new growth theories", Journal of Economic Literature, 4, 1615-1660.

- Alesina, A. and Rodrik, D., 1994, "Distributive politics and economic growth", Quarterly Journal of Economics, 109, 1203-1228.

- Barro, R.J., "Government Spending in a Simple Model of Endogeneous Growth," Journal of Political Economy, Vol. 98, No. 5, 1990, pp.103-125.

- Benabou, R., "Inequality and Growth," NBER Macroeconomics Annual, Vol 11, 1996, pp.11-74.000

- Commission on Growth and Development, The Growth Report: Strategies for Sustained Growth and Inclusive Development (Washington: World Bank), 2008.

- Galor, O., 2005, "From stagnation to growth: Unified growth theory", Chap.4, 171-293 of : P.Aghion and S. Durlauf (eds) Handbook of Economic Growth, 1, Elsevier.

- Lucas, Robert E. 1988, "On the mechanics of economic development", Journal of Monetary Economics, 22, 3-42.

- OECD, Growing Unequal? Income Distribution and Poverty in OECD Countries, OECD Publishing), 2008.

- OECD Framework for Inclusive Growth, OECD Publishing, 2014.
- Romer, Paul M. 1986, "Increasing returns and long-run growth", Journal of Political Economy, 94, 1002-1037.
- Romer, Paul M. 1994, "The origins of endogenous growth", Journal of Economic Perspectives, 8, 3-22.

11.

한국형
뉴딜 연합의
조세재정 개혁

정세은

충남대학교 경제학과 교수
참여연대 부집행위원장

한국형 뉴딜 연합을 위한 국가의 역할 재정립

새로운 사회계약을 위해 우리가 선택해야 할 것은 국가를 선택하거나 시장을 선택하는 문제가 아니다. 현재 한국 사회가 겪고 있는 많은 문제가 국가가 약하기 때문이냐고 묻는다면 아니라는 답이 많을 것이다. 반대로 시장은 잘하는데 규제가 과도하게 많은 것이냐고 묻는다면 그것도 대부분 아니라고 답할 것이다. 관치주의는 여전히 강하며, 반대로 전통적 대기업뿐 아니라 새로 등장하는 플랫폼 기업들도 독점적이고 금융은 장기적 산업금융이 아니라 투기적 가계대출에 몰두하고 있다. 이 상황에서 '국가 vs 시장' 혹은 '규제 강화 vs 규제 완화'는 제대로 된 질문이 아니다.

우리가 극복해야 할 체제는 국가와 시장의 잘못된 결합이 만들어 낸 체제이다. 과거 고도성장기 '성장지상주의'가 외환위기 이후 '단기이윤 극대화 금융화'와 결합하여 '한국형 신자유주의 악조합 체제'가 탄생했다. 물론 이 체제가 과거에 비해 성장과 분배 면에서 나빠지기만 한 것은 아니다. 우리나라는 중진국의 함정을 벗어나 1인당 3만 달러 소득을 넘게 되었으며 복지가 확대되었고 첨단 산업국가로서 입지를 다지고 선진국이라고 국제적 인정도 받았다. 그러나 과거 개발연대와 마찬가지로 국가는 재벌·금융과 결탁하여 특권 지배층의 이익을 보호하는 데 열심을 보여 성장의 과실은 고루 돌아가지 못하고 양극화는 심각해지며 그로부터 파생되는 부작용은 막심하다.

현 체제를 극복하겠다며 국가를 약화하고자 한다면 시장의 '단기이윤 극대화 금융화'는 더욱 강해질 것이다. 한국형 뉴딜 연합의 관건은 국가의 역할을 제대로 세우고 관료들이 이를 추구하도록 재조직하는 것이다.

국가의 미션을 물적·자본 중심의 '성장지상주의'가 아닌 사람·사회·환경을 위한 '지속 가능한 성장'으로 설정해야 한다. 이를 위해서는 국가는 제대로 된 복지국가를 비전으로 추구해야 하며 사회가 필요로 하는 공공 인프라, 복지 인프라 투자에도 적극적으로 나서야 한다. 전자와 후자 모두 중요하며 정부 재정과 금융을 동원하여 이러한 미션을 추진해야 한다.

한국형 뉴딜 연합을 위해 극복해야 할 재정 보수주의

이와 같이 '한국형 뉴딜 연합'으로의 체제 전환을 위해서는 조세 재정 개혁이 중요하다. 새로운 조세 재정 정책은 '제대로 된 복지국가'의 건설과 '재생에너지 인프라, 복지 인프라'에 대한 공공투자 확대를 목표로 해야 하고 이를 뒷받침할 재원 조달 방안을 마련하는 것이 되어야 한다. 이러한 정책은 국가의 역할이 바람직한 방향으로 강화되는 것인데, 이를 위해 달성해야 할 중요한 과제가 '재정 보수주의(fiscal conservatism)' 이데올로기의 극복이다.

1980년대 미국과 영국에서 시작된 신자유주의의 핵심이 바로 이 이데올로기이다. 신자유주의적 경제정책은 감세와 작은 정부(민영화 포함) 등 재정정책의 역할(공공부문 역할)이 축소되고 통화정책은 '안정적 물가관리'로 그 역할이 후퇴하며 '효율적 금융시장'이 전면에 등장해서 자원배분과 경제 운영을 맡는 시스템이다. 시장이 주도하는 시스템이란 궁극적으로는 '규제가 없는 금융시장(특히 자본시장)'이 주도하는 시스템을 의미한다.

'재정 보수주의'의 역사와 핵심적 주장에 대해서는 2015년에 발간된 마크 블라이스(Mark Blyth)의 『긴축, 그 위험한 생각의 역사(Austerity-The History of a Dangerous Idea)』를 참고할 수 있다. 이 책에서 긴축(Austerity)은 '임금과 가격 그리고 공공지출 삭감을 통해 국가 경제의 경쟁력을 회복한다는 취지의 자발적 디플레이션 정책'으로 정의된다. 이를 가장 효과적으로 달성하는 방법은 '국가 예산, 부채, 그리고 재정적자를 줄이는 것'이라고 여겨지기 때문에 긴축적 재정정책이 핵심이다.

재정 보수주의자들의 주장은 간단하다. 긴축을 하게 되면 민간의 활력이 자극받아 성장이 촉진되고 분배는 자동 개선된다는 것이다. 이들은 감세정책이 '낙수효과'를 낳고, 그래서 감세와 그에 따르는 재정지출 축소와 같은 긴축적 재정정책은 오히려 경기를 부양한다고 주장한다. 이를 '경기부양적 긴축적 재정정책(expansionary fiscal contraction hypothesis)'이라고 부른다.

이들에 따르면 증세하고 재정지출을 늘리는 것은 생산을 위축시키고 수요만 늘려서 저성장·고물가를 낳는다고 주장한다. 1970년대 통화주의자들이 스태그플레이션에 대해 재정지출 확대의 결과라고 주장한 것처럼 최근의 보수적 재정학자들은 고인플레 현상을 코로나19 위기 때의 확장적 재정정책의 결과(a fiscal theory of persistent inflation)라고 주장한다.

그러나 블라이스가 지적한 것처럼 위의 주장들은 실증적으로 증명된 바는 없다. 다양한 선행연구의 결과를 거론할 필요조차 없다. 2차 세계대전 이후 적극적 재정정책을 실시하던 시기와 1980년대 이후 신자유주의적 조세·재정정책을 실시한 시기의 경제적 성과를 비교해 보자. 낙수효과란 고소득·고자산 계층에 대한 감세가 저소득·저자산 계층에게도 흘러 내려온다는 것이다. 그런데 미국을 보면 1980년대 이후 저소득층의 소득과 자산은 그대로인데 최고 1%의 소득과 자산은 천문학적인 수준으로 급증하고 있다.

재정 보수주의에 사로잡힌 한국의 조세 재정 정책

우리나라의 조세 재정 정책도 재정 보수주의에 사로잡혀 있다.

첫째, '저부담 조세 체제'라는 특징에 주목할 수 있다. 문재인정부 마지막에 국민부담률이 OECD 평균 수준에 많이 근접해서 '중부담 체제'

에 가까워졌는데, 윤석열 정부에서 부자감세가 강력하게 전개되고 복지 확대가 제동이 걸리면서 '저부담·저복지 체제'로 회귀하였다. 낮은 세 부담이 기업과 국가의 경쟁력을 높이고 성장을 제고해서 분배에도 좋다는 전형적인 재정 보수주의적 정책이다.

둘째, 조세부담 수준이 낮은 것에 더해 그 부담 수준에서 다른 국가들이 제공하는 복지 수준보다 더욱 약하게 국가 복지를 제공하고 있다. 복지가 약한 것은 복지지출은 낭비적이라고 생각하는 재정 보수주의의 산물이다. 복지가 약한 것은 상대적으로 경제 부문 지출, 즉 기업 지원이 많기 때문이다. 물론 중소기업 중심으로 기업 지원을 설계한다면 분배 개선 정책이 될 수도 있다. 그러나 한국경제에서 대기업이 중소기업을 착취하는 구조적 특징 생각해 보면 중소기업 지원이 곧 대기업 지원으로 흡수될 가능성이 크다.

셋째, 조세 체제를 들여다보면 부담의 공평성이 약하다. 물론 고소득·고자산·대기업이 더욱 많은 세금을 내는 것은 사실이다. 그러나 많이 내는 것으로 충분하지 않다. 너그러운 소득공제, 세액공제 제도의 존재로 인해 저축을 장려하고 투자를 위한 장려한다는 명분으로 고자산과 고자본에 많은 감세 혜택을 주어 누진적 성격이 약하다. 또한 자산으로부터 버는 불로소득에 대해 제대로 과세하지 않음으로써 고소득·고자산 계층의 자산투기를 부추기고 있다.

넷째, 재정정책을 수행하는 공공부문 정책도 광의의 재정정책이라고 이야기할 수 있는데 외환위기 이후 공공부문 민영화가 진행됨에 따라 공공성이 지켜지던 영역에서 갈수록 영리성의 지배력이 강해지고 있다. 민영화가 시작된 것은 1990년대 들어서이다. 김영삼정부에 의해 시작되었고 외환위기 이후 본격 추진되었는데 진보정부도 그 흐름을 유지했다. 그 결과가 KTX와 SRT의 통합 불발이고, 발전공기업의 약화와 삼면 바다가 다국적 해상 풍력기업들에 의해 장악된 것이다.

황금률 재정 준칙과 부자증세 원상복구 전략

한국형 뉴딜 연합 체제는 이러한 재정 보수주의를 극복하고 국가가 적극적으로 나서서 복지를 대폭 확대하고 공공 인프라 투자를 주도함으로써 성장의 판을 깔아주는 역할을 해야 한다.

루즈벨트의 뉴딜에서도 노동권·복지권 강화와 더불어 대규모의 토목공사를 벌여 일자리를 창출하고 생산성을 높였는데 지금도 마찬가지이다. 재생에너지를 신속히 확대하는 것은 기후위기에 대한 대응이자 새로운 성장동력이 된다는 점에서 적극적인 공공주도의 재생에너지 투자는 한국형 뉴딜의 핵심이 되어야 한다. 이러한 에너지 전환은 친환경 제조업, 친환경 건설업 성장의 마중물이 될 수 있다. 에너지 전환 외에도 돌봄, 의료와 관련된 복지 인프라에 국가가 적극적으로 투자하는 것은 실물 투자인 동시에 사람 투자이기도 하다.

이러한 인프라 투자를 위한 재원 조달 전략은 기본적으로 국채 발행이 되어야 한다. 투자로부터 적정 수익을 내서 낮은 금리로 조달한 국채를 갚으면 되기 때문이다. 이러한 투자를 위해 국채가 증가하는 것은 문제가 될 수 없다는 준칙, '황금률 재정 준칙'을 채택할 필요가 있다.

황금률 재정 준칙이 중요한 것은 기획재정부가 무조건 재정적자가 GDP의 3%를 넘으면 안 되고 국채는 60%를 넘으면 안 된다는 경직적 재정 준칙을 도입하려고 지속적으로 시도하고 있기 때문이다. 만일 이러한 경직적 재정 준칙을 채택하게 된다면 에너지 전환 투자는 민간에 고수익을 보장하며 추진할 수밖에 없을 것이고, 복지 인프라 투자는 생각조차 할 수 없게 될 것이다. 이러한 재정 보수주의를 넘지 못하면 한국형 뉴딜은 추진하기 어려워진다.

한편 한국형 뉴딜 연합을 위해서는 복지 수준을 당장 적어도 선진국 평균 수준으로 끌어올려야 한다. 그런데 복지지출은 항상적이기 때문에 그에 상응하는 재원 마련도 항상적이어야 한다. 따라서 국채 증가로 소폭 부족한 부분을 메울 수는 있지만 증세가 필수적이다. 그렇다면 이러한 증세를 어떻게 이루어낼 것인가?

우리나라 조세 체제의 누진도가 약하다는 점에서 '바람직한 증세 전략'의 핵심은 고소득·고자산 계층이 더욱 많이 부담한다는 누진 증세 원칙이 되어야 한다. 보편적 복지는 보편적 부담과 같이 가야 한다는 점에서 모두가 조금씩 더 부담할 필요도 있다. 이러한 원칙을 '누진적 보편

증세' 전략으로 정리할 수 있다. 이러한 원칙 하에서 보자면 현 상황에서 어떠한 감세든 원칙적으로 추진되어서는 안 된다. 서민과 중산층을 위한다는 명목으로 서민 감세를 실시하는 것은 의도는 좋지만 지금 상황에서는 적절하지 않다. 지금은 증세가 필수적이다. 당장은 윤석열 정부가 실시한 증세를 원상복구하는 것으로도 충분하다.

뉴딜 연합, 복지 증세 동맹을 만들자!

한국형 뉴딜 연합이 성공하기 위해서는 재정 보수주의 집단(정치인과 관료뿐 아니라 그 외 정책 결정에 영향을 미치는 전문가, 언론 등)과의 대결을 피할 수 없을 것이다.

이들은 '증세의 부작용', '국채 확대의 부작용', '공기업 비효율성', '관료의 무능함', '시장의 탁월한 효율성' 등을 들어 뉴딜 연합을 흔들려고 할 것이다.

이들의 근거 없는 주장에 대항할 강력한 '뉴딜 동맹', '복지 증세 동맹'을 구축할 필요가 있다. 어떻게 구축할까? 복지목적세, 즉 새로운 조세를 도입하되 그 세수를 복지에 사용하겠다고 약속하여 그에 동의하는 사람들을 결집하는 전략은 어떨까 제안해 본다.

12.

좋은 복지국가를 위한 새로운 사회계약

김연명

일곱번째나라LAB 이사
중앙대학교 사회복지학과 교수
전 대통령비서실 사회수석

1987년 체제 이후 한국 정치구조의 변화에 대해서는 많은 논의가 있었지만, 사회정책의 변화와 의미는 깊은 논의가 없었다. 1987년 민주화 이후 집권을 위한 '정당 간 경쟁'이 본격화되고 여기에 노동·시민운동의 성장, 높은 경제성장, 그리고 저출산고령화 등 사회경제구조 변화가 결합되며 30년 이상 누적되면서 한국은 사회정책 분야에서 중요한 질적 변화가 나타났다. 남의 나라 일로 인식되던 '복지국가'가 한국에서도 성립한 것이다.

　하지만 복지국가가 무조건 '좋은사회'는 아니며 명과 암이 동시에 존재한다. 87년 이후 형식적 민주주의는 진척되었지만 '사회·경제적 민주화'는 진전이 없고 오히려 불평등이 심화하였다는 시각이 있다. 하지만 이는 매우 제한적인 평가이다. 87년 체제 이후의 사회적 성과는 있는 대로 평가하고 한계와 향후 정책 방향은 구분해서 논의해야 한다. 87년 체제를 넘어서는 새로운 사회체제, 새로운 사회계약에 대한 논의는 그간의 사회정책 성과에 대한 객관적 평가에 기반해야 한다.

　87년 이후 한국 사회정책의 평가는 단순한 제도 변화의 의미를 넘어서는 정치적 의미를 던져준다. 사회정책은 정치에 의해 구조화되지만 반대로 정치에도 심대한 영향을 미친다. 연방정부의 긴급 실업 구호 시행, 연금과 실업보험 도입 등을 통해 자유방임주의적 질서를 종식한 미국의 뉴딜 정책은 민주당의 지지기반을 근본적으로 변화시켰다.

　뉴딜 정책을 통해 남부, 농업이 지지기반이었던 민주당은 도시 노동자계급, 흑인 등 소수인종, 그리고 진보적 지식인을 정치적 지지기반으로 끌어들였다. 즉 사회정책을 통해 새로운 정치연합, 새로운 복지국가연합을 창출한 것이다.

87년 이후 한국 사회정책구조는 '민주당+시민운동+노동운동'이라는 '암묵적 정책연합' 위에서 형성되었다. 따라서 87년 이후 한국 사회정책의 공과에 대한 평가는 기존의 정책연합에 대한 성찰인 동시에 한국 사회를 더 '좋은 사회'로 만들기 위해 어떤 복지국가연합이 필요한가에 대한 강력한 시사점을 던져줄 수 있다.

1. 복지국가의 '탄생'

1987년 이후 한국은 산업화, 민주화와 더불어 근대국가의 핵심 요소인 '복지국가'의 골격이 완성되었다. 한국이 처음 OECD 기준으로 사회복지비 지출을 집계된 해가 1990년이었는데 GDP의 2.8%이었다. 당시 OECD 회원국이 평균 GDP의 17.7%를 사회복지비로 지출한 점을 고려하면 엄청난 격차였다. 즉 1987년 체제가 성립될 당시 한국 사회에는 노령, 실업, 질병 등 시민들의 삶의 위험에 대처하는 공적 기제가 거의 없었다는 것을 의미한다.

하지만 32년이 지난 2022년 한국의 공공복지비 지출은 GDP의 14.8%로 폭증하여 OECD 평균 21.1%의 70%까지 따라붙었다. 특히 문재인정부에서 연간 GDP 1%에 가까운 '폭발'이 일어났다(2016년 GDP 9.8% →

2022년 GDP 14.8%). 한국에서 복지국가가 '탄생'한 것이다. 이는 제2차 세계대전 이후 신생 독립국 중에서 산업화를 거쳐 복지국가로 진입한 최초의 사례이다. 특히 한국은 복지국가 비용의 70~80%를 차지하는 연금과 건강보험의 지출이 아직 낮아[15] 이 두 제도의 지출이 본격화되면 머지않아 OECD 사회복지비 지출 평균에 도달할 것으로 보인다.

소득분배 개선과 보편주의의 구축

복지비 팽창으로 시장소득을 재분배하는 '2차 분배' 기제가 작동하여 소득분배의 개선이 나타났다. '가계금융복지조사'에 의하면 2011년 이후 시장소득의 불평등은 개선되지 않았지만, 조세와 사회복지제도의 재분배 효과가 가미된 처분가능소득에서는 상당한 분배 개선이 이루어졌다. 2011년 처분가능소득 기준 0.388이던 지니계수가 2022년 0.324로 떨어졌고, 소득 5분위 배율도 같은 기간 8.32배에서 5.76배로 상당히 축소되었으며, 빈곤율도 18.6%에서 14.9%로 감소하였다. 그리고 최근에 올수록 조세와 사회복지비가 빈곤을 완화시키는 기능도 커지고 있다. 2011년 세전·세후 지니계수의 변화, 즉 소득분배개선 효과는 7.1%에 불과했으나 2022년에는 18.2%로 두 배 이상 증가하였다.[16] 물론 성숙한 복지국

---

[15] 2019년 기준으로 한국의 연금지출비율은 GDP의 3.3%(OECD 평균 7.7%), 공공의료비 지출은 4.8%(OECD 평균 5.8%)로 OECD 평균에 상당히 미달한다. 2022년 기준 한국의 경상의료비 지출 규모는 이미 OECD 평균을 넘어섰다 (OECD Social Expenditure database)

가의 개선 효과인 30~40%와 비교하면 여전히 낮지만, 공공복지제도의 소득재분배 기능이 상당히 강화되어 온 것이다.

1987년 당시 선별주의로 남아있던 상당수의 복지제도도 '보편주의'로 전환되는 큰 변화가 발생했다. 극빈층에 한정되었던 보육 서비스와 학교급식이 2010년대 들어와 완전한 보편주의로 전환되었고, 아동수당도 포괄범위가 아동 전체로 넓혀졌다. 노인의 70%에게 주어지는 기초연금도 사실상 준보편주의적 성격을 갖고 있다. 선별주의의 또 다른 상징으로 언급되던 비정규직과 자영업자의 사회보험 가입률도 상당히 개선되었다. 비정규직의 국민연금 가입률은 지역가입자를 포함하고 60세 이상 정규직을 제외하면 40% 수준이 아닌 70%를 넘어섰으며, 건강보험도 직장가입자인 비정규직은 50% 수준이지만 지역가입자와 피부양자로 가입된 비정규직을 합하면 거의 100%에 가까운 가입률을 보이고 있으며, 자영업자의 가입률도 80% 수준으로 올라갔다(김연명,2023:185; 김유선,2024:25). 지난 20~30년 동안 두 개의 핵심 사회보험에서 보편주의로의 상당한 진전이 이루어져 사각지대도 대폭 완화되었다.

---

⑯ 2011년 시장소득 지니계수 0.418, 가처분소득 지니는 0.388, 2022년 시장소득 지니는 0.396 처분가능소득 지니는 0.324이었다. (OECD, OECD Income Distribution Database)

복지국가의 재정 기반 확충

국가의 조세부담 능력은 복지국가의 핵심 물적 기반이 된다. 유럽 대부분의 복지국가는 방대한 복지제도 운영비를 높은 국민부담으로 충당해 왔다. 1987년 이후 대한민국의 조세지출 능력은 비약적으로 늘어났다. 1987년 체제가 출범한 1980년대 후반 우리나라의 국민부담(조세부담액+사회보험 기여금)의 GDP 대비율은 18% 수준으로 OECD 국가의 절반 정도에 불과했다. 그 이후 약간씩 증가하던 국민부담률은 2010년 중반까지 23~24%를 유지했다.

하지만 문재인정부에서 급팽창하여 2022년 GDP의 32.0%까지 상승했으며 이는 OECD 평균 국민부담률 34.0%에 근접할 수준으로 올라갔다. 이러한 국민부담률 증가를 기반으로 문재인정부는 복지비 지출을 해마다 GDP 대비 1% 가까이 늘릴 수 있었다. 그동안 민주·진보진영에서 지속적으로 주장해 온 '증세 패러다임'이 2010년대 중반 이후 상당한 성과를 보였고, 이것이 급속한 복지비 팽창의 물적 기반이 된 것이다.

최근 윤석열정부의 감세정책으로 국민부담률에 어느 정도 영향을 미칠 수는 있으나 과거처럼 매우 낮은 수준의 국민부담률로 돌아가기는 쉽지 않을 것이다. 국가의 재정 기반 확충은 1987년 이후 한국 사회정책의 질적 변화를 보여주는 매우 중요한 현상이다.

2. 복지국가 발전의 한계

노동시장 격차와 1차 분배

1987년 이후 진행된 공공복지제도의 팽창과 복지국가로의 진입은 한계가 있는 것도 분명하다. 조세와 사회복지의 소득분배 개선 기능은 강화되었지만, 지니계수는 여전히 OECD 국가 38개국 중 미국, 멕시코 등에 이어 최하위권에 있다(하위 5위권). 소득의 지니계수는 개선되었지만 자산 지니계수는 최근에 다시 확대되고 있다. 40%에 달하는 노인빈곤율도 여전히 유지되고 있다.

특히 노동시장에서의 1차 분배에 해당하는 임금 격차는 지금도 여전히 한국 사회의 아킬레스건이다. 비정규직의 임금은 정규직의 50% 수준에서 변동되지 않았으며(김유선, 2024), 대기업과 중소기업의 임금 격차는 더 커지고 있는 것이 현실이다. 성별 임금 격차는 줄어들었지만, OECD 회원국에서는 여전히 격차가 가장 큰 나라에 해당한다.

노동시장에서의 1차 분배의 격차는 기존의 재분배정책 구조를 재설계할 필요성을 제기한다. 즉 조세제도의 개혁 그리고 복지정책 확충을 통해 2차적으로 소득을 재분배하는 전통적인 접근법 외에 1차 분배를 강화하는 소위 '경제민주화정책'이 매우 중요한 의미를 갖는다는 것이다. 노동시장의 격차가 큰 상태에서 복지정책이 강화되면 스페인, 이탈리아 등 남부 유럽국가처럼 오히려 복지정책이 노동시장의 격차를 더 강화하는 모순이 발생할 수도 있다. 따라서 87년 사회체제의 한계를 극복하기 위해서는 그동안 민주·진보진영에서 추진해 왔던 '경제민주화정책'을 비판적으로 점검해 볼 필요가 있다.

시장복지 공급자의 급팽창

1987년 이후 공공복지 못지않게 시장주도 복지공급도 대폭 확충되었다. 특히 노후 소득보장과 의료보장에서 민간보험이 국민 생활에 깊숙이 제도화된 점이 중요하다. 국민연금과 결합되어 있던 퇴직금이 2005년 민간 퇴직연금으로 발전하여 보험료 인상을 통한 국민연금의 보장성 강화를 구조적으로 어렵게 만들었다. 개인연금의 확대도 중·고소득층 임금근로자를 대상으로 집중적으로 확대되었다. 퇴직연금과 개인연금의 확대는 향후 노후소득의 불평등을 강화시키는 제도적 요인으로 작용할 것이다.

의료보장에서도 2003년부터 생명보험회사의 실손보험 판매가 허용되었고 지금은 3천만 명 이상이 가입한 제2의 건강보험이 되어 버렸다. 실손의료보험은 한국 의료체계에 예상을 초월하는 심각한 폐해를 가져왔다. 실손보험으로 환자 비용 부담이 대폭 완화되면서 소비자, 공급자 양측에서 과잉 의료가 유발되었다. 실손보험은 의료 공급체계의 혼란을 가져올 뿐만 아니라 건강보험의 보장성 강화에도 장애요인으로 작용하고 있다. 사회서비스에서도 민간공급자의 역할이 크게 강화되었다. 보육 및 요양 서비스 수요의 급팽창을 영리시설 확충으로 대응하여 서비스

기관의 70% 이상을 영리기관이 차지하게 되었다. 노인요양시설과 공공의료기관의 확충은 거의 이루어지지 않았다.

이러한 시장복지 공급자의 팽창은 향후 공공복지의 내실화와 복지비용 통제에 상당한 문제를 불러올 것이다. 가장 위험한 신호를 보이는 영역이 의료비 지출 속도이다. 의료비 지출은 최근 10여 년간 OECD 회원국 중 가장 급속도로 팽창하여 이미 OECD 평균 지출을 넘어섰다. 시장복지를 공공복지와 어떻게 역할을 분담하고 시장복지의 비용 팽창 유인을 어떻게 통제하는가의 문제가 새로운 사회계약의 중요한 요소가 될 것이다.

중앙집권적 거버넌스

87년 이후 공공복지제도가 급팽창한 것은 잘 갖춰진 중앙집권적 행정구조의 기반 위에서 가능하였다. 특히 전국 단위에서 통일적 기준이 필요한 연금, 건강보험, 고용보험과 아동, 기초연금 등의 사회수당 제도를 구축하는 데 중앙정부는 매우 중요한 역할을 하였다. 하지만 한국에서 저출산, 고령화가 진행되고 여성 취업이 늘어나면서 아동, 노인집단에 대한 사회서비스의 중요성이 부각되었다. 하지만 예산과 권한을 대부분 중앙정부에서 갖고 있는 사회서비스정책의 한계로 지역단위에서 지역주민의 욕구에 맞는 서비스를 발전시키기 어려웠다. 특히 의료, 요양 서비스에서 지방자치단체가 서비스의 계획, 집행, 평가 그리고 시설의 배치에 상당한 권한을 부여받는 거버넌스의 확립이 새로운 사회계약에서 중요한 영역이 되어야 한다.

3. '좋은사회'와 사회계약

1987년 체제 성립 이후 최근까지 진행된 사회정책 분야 변화를 한마디로 요약하면 '복지국가 한국'의 탄생이다. 하지만 복지국가의 모습을 갖춘 한국 사회가 과연 '좋은사회'인가 (good society)에 대한 질문을 던질 필요가 있다.

복지국가는 시민들의 '사회권'을 보장하는 정도가 나라마다 상이하다. 통상 자유주의 복지국가로 불리는 미국, 영국 등은 시장복지공급 기능이 강하고, 불평등도 매우 높아 사회권을 보장하는 정도가 약하다. 이탈리아, 스페인은 등 남부 유럽복지국가는 노동시장의 양극화로 정규직 노동자의 사회권은 보장되지만 비정규직·여성 등 노동시장 외부자의 사회권은 잘 보장되지 않는다.

1987년 이후 성립된 한국의 복지국가는 시장공급자의 역할이 과다하고, 노동시장 지위에 따른 복지수혜의 차별이 강하게 존재한다는 점에서 자유주의형과 남부유럽의 약점들이 결합되어 있다(김연명,2013). 때문에 한국 복지국가는 사회권 보장의 진척에도 '좋은사회'로 규정하기에 상당한 한계가 존재한다.

복지공급의 새로운 사회계약

한국은 복지국가 성립에도 불구하고 여전히 보편성의 사각지대(예, 비정규직, 영세사업장의 복지 배제), 그리고 낮은 보호 수준 (예, 건강보험 보장성)이라는 약점을 갖고 있다.

한국의 복지국가가 '좋은사회'가 되기 위해서는 이 문제에 대한 새로운 사회계약이 필요하다. 기본소득 도입을 핵심으로 하는 '기본사회' 모델은 사회 보호의 보편성을 강조하는 담론이 될 수 있으나 기존 복지제도와의 조정과 현물사회서비스의 중요성을 간과하는 약점이 있다. 사회복지의 보편성은 최근 국제사회에서 공감대를 넓혀가는 '보편적 사회보호' universal social protection 등 포괄인 복지제공이라는 관점에서 접근할 필요성이 있다(UN ESCAP 2022). 이 점에서 비정규직, 플랫폼 노동자 등의 사회적 보호를 대폭 강화하는 새로운 사회계약이 필요하다.

사회복지의 보편성을 강화하는 새로운 정책 방향과 사회계약은 앞에서 언급한 1차 노동시장에서의 불평등을 줄이는 사회적 합의와 병행되어야 한다. 1차 노동시장의 불평등은 조세와 사회복지로 방어하는 데 한계가 있으며 여성, 비정규직 등 노동시장 외부자에게는 특히 그러하다. 따라서 87년 이후 한국 복지국가체제의 약점을 보완하기 위해서는 노동시장의 격차 완화를 위한 정책과 사회복지의 보편성을 구축하려는 노력이 동시에 진행되어야 한다.

현물서비스의 질과 양을 높이는 것도 한국 복지국가의 질적 변화를 위해 필요하다. 보육과 의료 등 일부 영역에서 서비스 질이 좋아졌지만 노인 요양처럼 여전히 국민적 만족도가 높지 않은 분야도 상당하다. 현물서비스의 질은 초고령사회에서 '좋은사회'를 구축하는 데 중요한 것은 시장공급자의 역할 재설정이다. 앞서 언급한 것처럼 한국 의료, 사회서비스에서 시장공급자의 비중이 압도적이다. 시장공급 위주의 서비스 제공이 의료, 요양 비용을 억제하는 데 효율적인 방법인지에 대한 재검토가 필요하다. 공공의료, 공공요양기관의 확충 없이 민간에 의존하는 서비스 구조로는 비용통제에 한계가 있을 수밖에 없다. 민간공급자의 역할 재설정은 노후 소득보장과 건강보험에서도 중요하다.

세대 간 사회계약 : 연금과 의료

한국의 사회복지비 지출률은 15% 수준으로 아직 낮지만, 최근의 의료비 팽창과 연금제도의 성숙으로 급속히 높아질 것이다. 연금과 의료비는 복지비 지출의 70~80%를 차지하며 그 비용의 대부분은 젊은 세대의 보험료 혹은 조세부담으로 충당된다.

한 국가의 부담 능력을 초과하는 연금, 의료비 지출은 세대 간 갈등을 유발한다. 현재 한국 사회에서 연금개혁을 놓고 벌어지는 세대 간 갈등 담론은 일종의 전초전이라 할 수 있다. 현재도 미래세대의 부담이 불가능하다는 입장과 부담이 과장되었고 부담 가능하다는 입장이 나뉘어 제도 개혁에 대한 합의를 이루지 못하고 있다. 객관적으로 보면 연금 비용은 후세대 부담의 정당성이 있으나 오히려 의료비에서 후세대의 부담 불가능성이 강력하게 어필할 수 있다. '좋은 복지국가'를 구축하기 위해서는 연금과 의료비의 부담에 대한 새로운 사회계약을 작성할 시점이다.

중앙과 지방의 복지 분담

세계에서 가장 급속하게 전개되는 고령화로 한국 사회는 '노인 돌봄 체계 구축'이라는 큰 벽을 마주하고 있다. 베이비 부머의 대량 은퇴와 '100세 시대'가 논의되는 상황에서 중앙정부가 예산과 권한을 모두 휘두르는 현재의 노인부양체계로는 '좋은사회'를 만들기 어렵다. 자치단체장에게 양질의 노인 돌봄체계가 정치적으로 유리한 정책이라는 구도를 만들어주어야 한다. 그러려면 노인 요양, 노인 의료, 지역사회 돌봄 등에 대한 예산, 인력에 대해서 지방정부의 재량권이 대폭 강화되어야 한다. 지역 스스로 노인주택, 노인요양시설 등 노인 돌봄시설, 그리고 관련 인력·복지행정체계를 계획하고 집행할 수 있는 시스템을 만들어주어야 한다. 지금처럼 중앙정부가 마련된 정책을 소극적으로 집행하는 방식으로는 효율적인 지역 중심의 돌봄 체계를 구축하기 어렵다. 실질적인 지방분권 강화 등 87년 체제의 한계를 극복할 수 있는 완전히 새로운 사회계약이 중앙과 지방 사이에서 맺어져야 한다.

새로운 사회정책 '연합'

87년 체제로 만들어진 권력구조와 민주주의 공간에서 공공복지제도가 급속히 팽창할 수 있었던 정치적 기반 중의 하나는 시기마다 우여곡절은 있었지만, 큰 구도에서 보면 '민주당 계열의 정당+노동운동+중산층 시민운동'이 결합된 '암묵적 복지정책 연합'이었다.

이 정책연합을 통해 중요한 복지제도가 새로 도입되거나(무상복지) 기존 제도가 진보적으로 개혁되었다(건강보험 통합). 하지만 이러한 정책연합 구도는 소수자의 목소리(특고, 플랫폼노동, 여성, 청년)가 원활하게 반영되지 않은 구조적 결함을 갖고 있었다.

즉 양당제와 대통령제를 중심으로 한 1987년 체제는 소수자 집단의 이해관계를 반영한 복지정책의 확충에는 매우 제한적인 영향을 발휘할 수밖에 없었다. 때문에 87년 체제를 바탕으로 성립된 한국 복지국가 역시 사회적 소수자에 대한 사회권 보장은 상대적으로 약할 수밖에 없었다. 사회적 소수자의 이해관계를 잘 대변하는 정치구조는 선거제도에서 비례대표적 요소를 대폭 강화하는 것임은 잘 알려져 있다. 한국 복지국가를 소수자의 사회권이 충분히 보장되는 '좋은사회'로 만들기 위해서는 선거제도에서 비례대표적 요소를 강화해 소수자집단을 정책연합 안으로 끌어들여야 한다.

참고문헌

- 김연명, 2023, 국민연금의 역진성 주장에 대한 비판적 고찰, 동향과 전망, 119호,
- 김연명. 2013. 한국 복지국가의 성격과 전망: 남부유럽복지체제와의 비교를 중심으로. 한국사회복지조사연구, 36, 27-59.
- 김유선, 2024, 비정규직 규모와 실태, 한국노동사회연구소
- OECD, OECD Social Expenditure Database
- OECD, OECD Income Distribution Database
- UN ESCAP, 2022, Understanding Universal Social Protection

13.

새로운 시대,
정의로운 노동

정흥준
서울과학기술대학교 경영학과 교수

다시 민주주의

    12.3 계엄과 내란으로 피와 눈물로 세운 민주주의가 물거품처럼 사라질 수 있었던 위기가 시민과 국회의 방어로 원천무효가 되고 내란 주범에 대한 탄핵과 처벌 등 법적 수습이 진행 중인 가운데 잠시 잊고 있었던 민주주의를 다시 생각한다.

    비록 지금은 국론이 분열된 것처럼 보이지만 극우세력의 위험천만한 행동을 정당화하기 위한 작은 저항들은 곧 상식적인 수준에서 마무리 될 것이고 대한민국은 한층 성숙한 사회로 전진할 것이다. 가까운 미래에 우리가 어떤 사회로 나아갈 것인지를 논의하게 될 그때를 위해 노동의 시대정신을 논의하려고 한다.

    새로운 시대는 소수 기득권의 방종이 보장된 고전적 자유주의가 아닌 자본주의의 근본이념인 국민 다수가 행복한 공리주의에 기초한 현대 자유주의가 더 중요한 가치가 될 것이다.

    법과 원칙을 자신과 가족 그리고 권력자들에게 유리하게 해석하고 적용해 온 법 기술자들을 물리치고, 규제가 존재하지만, 공정한 기회가 함께 보장되는 사회로 나아갈 것이다. 이러한 전망은 개인적 희망 때문이 아니라 대한민국이 처해 있는 위기와 관련되어 있다.

    우리에게 닥친 위기는 생산인구감소, 고령화, 그리고 AI 기술 변화 등에 따른 노동시장의 불평등이다. 우리의 노동시장은 평평하지 않고 이중적이다. 20% 남짓에 해당하는 대기업과 공공부문은 상대적으로 연봉이 높고 고용이 안정된 좋은 직장이지만, 나머지 80%는 그렇지 못한 일자리로 나뉘어 좋은 일자리로의 이동이 쉽지 않다.

무엇보다 임금 차이가 크다. 고용보장도 확실하지 않다. 그중에서도 임금노동자의 40~50%에 해당하는 비정규직은 최저임금이나 그보다 조금 많은 수준의 급여를 받고 있어 일해도 생활이 크게 개선되지 않는, 일하지만 가난한 워킹푸어의 삶을 살아가고 있다. 노동시장이 공정하지 않다면, 그 문제점을 바로 잡는 것이 새로운 시대의 요청이다.

우리의 노동시장은 왜 불공정하고 불평등하게 된 것일까? 지나친 경쟁과 승자독식을 무비판적으로 받아들이는 것은 아닐까? 대한민국은 빠른 변화에 익숙해 추격에 능하지만 뒤처지는 사람들을 돌아보는 여유는 상대적으로 부족하다. 조금 느리게 가더라도 뒤처지는 사람이 없어야 사회 전체의 행복이 커지지만, 지금 대한민국은 무한 경쟁에서 살아남은 소수의 승자만 행복해질 따름이다.

경쟁에서 살아남은 소수가 행복한 우리 사회의 질서는 아픈 역사와 관련되어 있다. 100년 전 일제에 의한 핍박과 75년 전 전쟁을 겪은 대한민국은 그 후 35년간 산업화라는 이름으로 노동기본권과 민주주의가 억압당해야 했다. 다행히 1987년 민주화 투쟁으로 개발독재를 벗어났지만, 사람들은 경쟁에서 살아남기 위해 앞만 보고 달렸다. 그 결과 경쟁에서 뒤처진 사람들의 희생은 개인의 책임으로 돌려졌다. 가난과 실패가 개인에게 책임이 없는 것은 아니지만 개인만의 책임으로도 볼 수 없는 것이 문명국가인데, 우리 사회는 더불어 사는 공동체 사회의 중요성과 이를 위해 정부의 적절한 역할을 찾는 데 소홀했다.

상황이 이러하다 보니 사람들은 정규직이나 대기업 직장을 갖기 위해 부지런히 노력한다. 좋은 대학에 입학하고 교환학생이나 인턴 경험 등 스펙을 쌓기 위해 노력하는 이유이다. 그런데 이는 개인의 노력만이 아닌 가족의 경제적 지원이 중요한 역할을 한다. 가족의 지불 능력과 개인의 노력이 결합한 능력주의가 공정으로 포장되어 무한경쟁에서 살아남은 승자를 옹호하기도 한다. 반대로 경쟁에서 뒤처진 사람들에게는 '본인이 못난 탓' 때문이라고 낙인을 새긴다.

노동시장 상위 20%가 누리는 상대적 고임금과 고용안정은 정당한 것일까? 반대로 80%가 감당해야 하는 상대적 불이익과 불평등은 이유 있는 것인지를 되묻지 않을 수 없다. 특히 사회적 약자에 이유 없는 차별이 행해지고 있다면 공정을 거론하는 것은 이치에 맞지 않다.

불평등한 노동시장

먼저 우리나라 노동시장의 가장 큰 과제는 영세하고 열악한 노동자들일수록 차별적인 대우를 받는 것이다. 5인 미만 사업장의 노동자들은 주휴수당, 유급 연차휴가 등 다른 노동자들이 적용받는 것조차 보장받지 못해 경제적 차별이 크다. 5인 미만 영세사업장의 노동자 임금은 대기업 임금의 45.8%에 그치고 있다. 이들은 해고 통보를 받아도 별다른 저항 수단이 없다. 중대재해처벌법도 적용받지 않아 안전에 취약하다. 이를 해결하기 위해서는 5인 미만 사업장 노동자에게 동일하게 노동관계법을 적용하면 되지만 아직 어떤 조치도 이루어지지 않고 있다.

둘째, 비슷한 일을 해도 비슷한 보상을 받을 수 없는 구조도 공정하다고 볼 수 없다. 예를 들어 300인 이상 대기업의 임금에 비해 30~299인 중견기업의 임금은 65.9% 수준이며, 5~30인 중소기업의 임금은 60% 수준이다. 중견기업이나 중소기업은 별반 차이가 없다. 임금만이 아니라 복리후생의 차이도 크다. 원·하청 간 격차를 줄이기 위해서는 중견·중소기업과 대기업과의 공정한 거래를 보장해야 하고 노사 간 단체교섭을 통해 부의 재분배를 도모해야 하지만 외침만 있고 실천은 부족하다.

셋째, 노동조합 등 노동자의 대표권을 보장하여 기업 성과를 재분배하는 것도 놓칠 수 없는 과제이다. 노동조합은 잘 알려진 대로 기업 성과를 분배할 수 있는 가장 효과적인 제도이다. 그런데 300인 이상 기업의 노조 조직률은 36.9%인데 비해 30인 미만 사업장의 노동조합 조직률은 0.1%에 불과하고, 100~299인 중견기업의 노조 조직률도 5.7%로 낮아서 현재 상황으로는 중견·중소기업의 성과 분배가 어렵다. 이를 극복하기 위해서는 노조 조직률을 높이거나 초기업 수준의 교섭을 활성화하는 등이 정책이 필요하다.

넷째, 늘어나고 있는 특수고용과 플랫폼 노동자의 노동기본권 사각지대를 줄이는 일도 노동시장의 과제 중 하나이다. 이들은 계약형식 측면에서는 프리랜서처럼 되어 있지만 실제 일하는 방식은 계약당사자인 기업에 종속되는 특징을 가진다. 따라서 종속 정도에 비례한 보호가 필요하지만, 현실에서는 아무런 보호가 이루어지지 않고 있다. 다행히 코로나를 계기로 일부 직종에 대해 고용보험과 산재보험 등 사회보험이 의무적으로 적용되고 있으나 이것도 대부분은 특수고용노동자에게만 해당되지 플랫폼 노동자들은 아니다. 임금노동자처럼 일하지만 임금노동자만큼 보호를 받지 못하므로 사용자의 남용이 늘어나는 것은 당연한 이치이다. 특수고용노동자는 2018년 조사(당시 221만명) 이후 규모조차 파악되지 않고 있으나 국세청 3.3% 세금 납부자를 보면 늘어나는 것이 확실하다. 플랫폼 노동자도 2023년 79만 명으로 매년 늘고 있다.

늘어나는 특수고용, 플랫폼 노동자의 권리를 확보하기 위해서는 법으로 이들을 보호하는 조치가 이루어져야 한다. 「일하는 사람 기본법」 등이 발의된 이유이다. 노동조합에서는 근로기준법 완전 적용을 주장하고 있으나 이는 어려울 수 있다. 특수고용·플랫폼 노동자가 임금노동자의 특징이 있지만 임금노동자와 동일하진 않기 때문이다. 다만, 임금노동자인데도 특수고용노동자로 잘못 계약되어있는 오분류는 신속하게 바로 잡을 수 있는 조치가 필요하다. 또한 특수고용과 플랫폼 노동자의 처우개선을 위한 교섭이 보장해야 한다. 「노조법 2조」가 개정되면 노동조건에 실질적인 영향을 미치는 사용자가 교섭에 응해야 하므로 이 역시 도움이 될 수 있다.

마지막으로 사회안전망을 꾸준히 확대하고 근로감독 등 노동 기초질서를 확립하는 조치가 필요하다. 근로복지의 형평성을 맞추기 위해 저임금 노동자를 위한 국가 차원의 근로복지 보장이나 특수고용만이 아니라 플랫폼 노동자(프리랜서)까지 사회보험을 확장하는 전국민 사회보험 논의가 다시 추진되어야 한다.

또한 대기업이나 공공기관, 유노조 기업이 가지고 있는 상병수당도 일하는 모든 사람에게 확대하여 아프면 치료받을 수 있는 권리를 보장해야 한다. 이러한 정책들이 노동시장에서 다소 뒤처질 수 있는 사람들에게 함께 나아갈 수 있는 기회를 제공할 수 있다.

정의로운 노동은 어떻게 가능하나?

노동시장에 뒤처진 사람과 동행하며 함께 행복해질 수 있는 방법은 정의로운 노동이 될 때 가능하다. 정의로운 노동은 이유 없는 차별을 줄이기 위해 법·제도적으로 보완하고 단체교섭을 통한 변화를 꾀하는 것이다. 문제는 해결방안이 있지만 불평등한 노동시장은 수십 년째 계속되고 있다는 것이다. 해답은 있으나 문제가 해결되지 않았다면 이유는 간단하다. 해답을 알고 있지만 실천하지 않았기 때문이다.

돌아보면 5인 미만 사업장으로의 근로기준법 확대 적용은 1996년 노사관계개혁위원회의 합의사항이었지만 지난 28년 동안 얼마만큼의 노력이 있었는지 묻지 않을 수 없다. 씨를 뿌린 적이 없으니 거둬들일 수확 또한 없는 것이 당연한 것 아닐까.

초기업교섭도 이중구조를 완화할 수 있는 제도이지만 진전과 후퇴를 거듭하고 있다. 국회는 2021년 노조법 30조 개정을 통해 정부가 초기업교섭을 지원하도록 명시하고 있으나 정부의 실천적인 노력은 더디다. 심지어 윤석열정부는 노동조합을 불법집단으로 매도해 건설, 화물 등의 초기업교섭을 무력화하기도 했다. 보수정부가 집권을 할 때마다 노조의 기능을 부정하니 교섭의 제도화는 진전과 후퇴를 반복해 제 자리에 머물러 있다.

새로운 노동자를 보호하기 위한 방안도 적극적인 조치가 이루어져야 하지만 장애물이 적지 않다. 「일하는 사람 기본법」으로 특수고용과 플랫폼 노동자의 보편적인 권리를 보장하는 한편, 오분류된 노동자를 신속하게 구제하는 정책적 조치가 이루어져야 한다. 노동자로서의 권리는 「노조법 2조」의 개정으로 부분적인 해결이 가능하다. 이 역시 이런저런 이유로 조치가 미뤄지면서 실은 법 개정, 정책조치 등 해결된 것이 없다. 특히, 「노조법 2조」는 3조 개정과 함께 국회에서 두 번씩이나 본회의 의결이 이루어졌으나 윤석열 대통령과 집권 여당이 모두 거부하여 진전을 가로막았다.

사회안전망과 관련하여 저소득층을 위한 근로복지 확대, 전국민 고용보험, 상병수당 도입 등은 실효성 높은 과제이고 양극화와 불평등이

심한 우리나라의 상황에 비추어 선택이 아닌 필수적인 정책이지만 역시 진전은 더디다. 사회안전망 확대를 위해서는 적극적인 조세정책으로 재원을 마련하고 이를 저소득층에 분배하는 정책이 필요하다.

새로운 시대, 정의로운 노동을 위한 정책을 실천하기 전까지는 많은 걱정이 뒤따르기 마련이다. 그러나 장애물들을 꼼꼼하게 점검하여 정책을 수립하고 나면 오히려 별일 없이 잘 작동하기도 한다.

30년 전 노조의 정치활동 허용이 그랬고, 20년 전 주 5일제도 그랬고, 몇 해 전 주 최대 52시간제 도입도 그랬다. 국민의 삶에 획기적인 변화를 줄 수 있는 정책들은 이해관계자의 찬반 목소리가 크지만, 막상 실시되면 더 나은 사회로 나아가는 데 기여함을 역사는 증명해 왔음을 기억하자.

14.

돌봄 중심, 복지국가 재편이 필요하다

김진석

서울여자대학교 사회복지학과 교수

한국 복지국가, 지나온 길보다 앞으로 가야 길이 더 멀다

우리나라는 지난 20년에 걸쳐 OECD 국가들 가운데 가장 빠른 속도로 복지국가의 성장을 이루어낸 국가들 가운데 하나라 할 수 있다. 복지국가의 발달 정도에 대한 국가 비교에 자주 사용되는 지표인 GDP 대비 공공 사회지출 (public social expenditure) 비율을 놓고 봤을 때 우리나라는 2000년 4.4% 수준에서 2022년 14.8%로 증가한 것으로 나타나 같은 기간 동안 17.3%에서 21.1%로 증가한 OECD 국가들 평균과 대비를 이룬다. 최근 우리나라 공공 사회지출의 이와 같은 급격한 증가 양상은 복지국가의 발달에 대한 시민의 사회적 합의를 반영한 것이기도 하지만 다른 한 편으로는 급격한 고령화 등 인구구조와 가족구조의 급격한 변화 양상을 반영하고 있는 것이기도 하다.

공공 사회지출이 빠른 속도로 증가하고 있는 것과 함께 우리나라 복지국가 발전의 또 다른 특징 가운데 하나는 사회지출 가운데 현물 (in kind) 지출과 현금 (cash) 지출의 비율이 상대적으로 균형을 이루고 있다는 점이다. OECD 국가들이 2019년 기준 평균적으로 현물 (8.2%)에 비해 현금 (11.4%)의 형태로 더 많은 공공 사회지출을 하고 있는데 반해 우리나라는 가장 최근 자료인 2020년 기준 현금에 6.7%, 현물에 7.3%를 지출하는 것으로 나타나 현물의 비중이 더 크긴 하나 상대적으로 두 영역 간 균형을 이루고 있는 것으로 보인다.

복지국가의 발전에 대한 사회적 합의 수준의 변화, 인구구조와 가족구조의 급속한 변화에 대응하기 위한 정책적 수요의 증가 등 다양한 이유에 의해 공공 사회지출이 지속적으로 증가하고 있지만, 주민이 체감하는 삶의 질은 크게 나아지지 않는 것으로 보인다.

2023년 통계청 자료에 따르면 우리나라 인구 10만 명당 자살 사망자 수를 의미하는 자살률은 무려 27.3명으로 사망원인 가운데 다섯 번째로 높은 수치를 기록하고 있다. 이와 같은 수치는 국제비교를 통해서도 그 심각성이 드러난다. OECD 평균 자살률이 10.7명인데 비해 우리나라는 두 배 넘는 수치로 자살 사망률 압도적 1위를 나타내고 있다. 특히 자살률 통계를 연령대별로 살펴보면 70대(39.0)와 80세 이상(59.4)에서 평균에 비해 압도적으로 높은 수치를 기록하고 있는 점은 시사하는 바가 크다.

노인 연령대의 자살률이 높은 데에는 많은 요소가 영향을 미치고 있을 것이다. 우선 심각한 노인 빈곤의 문제다. 우리나라 노인의 빈곤율은 최근 들어 상당히 개선되었지만 2022년 현재 여전히 OECD 국가들 가운데 가장 높은 노인빈곤율(39.7%)을 보인다.

또 다른 하나의 요인으로 수요를 따라가지 못하는 돌봄 등 각종 사회서비스의 공급을 주목할 필요가 있다. 정부가 주기적으로 실시하는 사회서비스 수요실태조사에 따르면 2023년 현재 사회서비스 영역별 필요 대비 이용률을 살펴보면 방과 후 돌봄 서비스(69.6%), 영유아 돌봄 서비스(68.8%), 아동 교육지원 서비스(65.6%), 출산 지원 서비스(63.7%) 등의 경우 50% 이상의 필요 대비 이용률을 보여 그나마 상대적으로 높은 수준을 보였다.

하지만 노인 돌봄(32.5%), 기타 성인 돌봄(15.6%) 등 성인, 특히 노인을 위한 서비스 영역은 필요 대비 이용률이 상대적으로 50%에도 미치지 못하고 있으며, 특히 정신건강 서비스(8.8%), 주거 지원 서비스(15.6%), 고용 서비스(14.8%) 등 상대적으로 취약한 계층과 대상을 위한 서비스의 경우 이용률이 가장 낮은 수준으로 나타났다.

서비스를 필요로 하고 있음에도 불구하고 이용하지 못한 경우 그 이유를 살펴보면 문제의 심각성이 드러난다. 예를 들어 노인 돌봄 서비스를 필요로 하지만 이용하지 못한 이유에 대해 서비스 이용 자격이 되지 않아서(28.3%)와 서비스 비용이 부담스러워서(21.5%)로 가장 높은 비율을 차지했지만, 관련 서비스에 대해 정보가 부족해서(15.9%), 믿을만한 서비스가 없어서(12.9%), 서비스 대기가 길어서(8.9%), 관련 서비스가 없어서(7.7%), 주변에 이용 가능한 기관이 없어서(4.2%) 등 서비스 공급과 관련한 문제로 인해 사용하지 못하는 경우도 거의 절반에 가까운 것으로 나타났다. 이와 같은 공급 부족과 관련한 문제는 정신건강 서비스나 주거 지원 서비스, 고용 서비스 등의 영역에서는 더욱 심각한 수준이다. 앞서 급속한 공공 사회지출의 증가, 현금 지출과 현물 지출 사이에 균형 유지 등 긍정적인 측면을 강조했으나 막상 주민들이 체감하는 돌봄과 사회서비스는 여전히 빈틈이 많음을 의미한다.

결론부터 얘기하면 이 글은 한국사회 복지국가에 재편이 필요하며, 그 방향으로 돌봄 중심성을 강화하는 노력이 필요하다는 주장을 하고자 한다. 그리고 그와 같은 돌봄 중심 복지국가의 재편이 필요한 이유로 전통적인 노동과 고용의 측면에서의 돌봄 경제가 가지는 사회적 파급력, 그리고 젠더적 맥락에서 돌봄과 사회서비스의 재구조화 필요성뿐만 아니라 인구구조와 가족구조의 급속한 변화에 따른 돌봄이 사회화 필요성, 그리고 마지막으로 전지구적인 기후위기에 대한 대응을 위한 순환 경제로의 전환 필요성 등을 강조하고자 한다.

돌봄은 여전히, 더 필요하다

복지국가의 역사 전반에 걸쳐 2차 분배라고도 불리는 소득의 재분배와 더불어 재생산, 특히 노동력 재생산의 문제는 복지국가의 주요한 역할로서 빠지지 않는다. 오랜 역사를 통해 복지국가는 돌봄, 요양, 재활, 의료 등 재생산의 영역에서 다양한 제도와 정책들을 기획하고 운영하면서 끊임없이 발전해왔다.

20세기 초까지만 하더라도 소위 일인 생계부양자 single breadwinner 모형에 따라 엄격한 성별 분업 체계에 기반하여 가족 내에서 주로 여성이 독점적으로 돌봄 등 재생산의 문제에 대처해왔다. 하지만 20세기 중후반 이후 자본주의가 위기를 겪으며 기존의 모형에 일정한 조정을 겪게 되고, 이 과정에서 과거 여성들이 부불노동의 형태로 제공하던 가족

내 재생산 노동에서 벗어나 유급노동 시장으로 진출이 본격화되었다.

여성들이 가족 밖에서 사회경제적 활동에 적극적으로 참여하면서 기존 가족 내 여성에게 배타적으로 지워지던 돌봄 노동의 책임이 전사회적 차원에서 재구조화되어야 할 필요성이 대두된 것이다. 복지국가의 유형에 따라 돌봄을 사회화하는 방법론은 시장, 사회적 경제, 공공 책임 등 다양한 방식과 수단이 동원될 수 있지만 돌봄의 사회화는 개인과 가족 차원에서의 욕구와 필요, 동기를 뛰어넘어 자본주의의 변화와 자본의 필요라는 거시적인 요인에 의해 발생한 것이라는 점이 강조되어야 한다. 물론 이와 같은 돌봄의 사회화와 돌봄 책임에 대한 재구조화 과정이 자본주의의 내재적 요구와 필요성 뿐만 아니라 전통적 성별분업 구조와 성별 역할 모형에 저항하는 여성들의 지난한 투쟁의 결과라는 점이 동시에 강조되어야 한다.[17]

한국 복지국가를 돌봄 중심으로 재편하는 것이 필요하다는 이 글의 주장에는 위에 언급한 바와 같은 자본주의와 복지국가의 일반론을 넘어서는 특수성이 존재한다.

첫째, 한국사회가 직면하고 있는 인구구조와 가족구조의 급속한 변화의 문제이다.

---

[17] 물론 이와 같은 돌봄의 사회화와 돌봄 책임에 대한 재구조화 과정이 자본주의의 내재적 요구와 필요성 뿐만 아니라 전통적 성별분업 구조와 성별 역할 모형에 저항하는 여성들의 지난한 투쟁의 결과라는 점이 동시에 강조되어야 한다.

한국은 2025년 이미 초고령사회에 접어들었다. 2001년 이후 초저출산국가(합계출산율 1.3 미만)의 지위를 20년 넘게 유지하고 있는 유일한 국가라는 점은 우리나라 고령화의 속도와 정도가 한동안은 유지될 것임을 의미한다. 가족구조의 측면에서도 청년과 노년에 집중된 1인 가구가 가장 흔한 가구 구성이 된 지 오래되었으며 다른 한 편으로는 비친족가구의 규모와 비중이 급속히 증가하고 있다. 맞벌이 가구의 비율이 현재는 선진국에 미치지 못하는 수준이나 초저출산율이 지속되고 있는 점을 고려했을 때 노동력 수급을 맞추기 위해서라도 여성의 사회경제활동 증가와 이에 따른 맞벌이 가구의 비율은 지속적으로 증가할 전망이다. 돌봄의 중요성은 개인 삶의 질 향상을 통한 초저출생에 대한 대응이라는 측면뿐만 아니라 전통적인 가족 내 돌봄체계가 작동 불가능한 가족구조의 변화에 대한 대응이라는 측면에서도 한동안 지속적으로 강조되어야 할 것이다.

둘째, 젠더적 맥락에서 사회적 돌봄에 대한 강조와 적절한 정책적 대응은 중요한 의미를 갖는다.

앞서 여성의 사회경제적 활동 증가가 초저출산 국가인 우리나라에서 노동력 공급의 안정적 확보를 위한 자본의 요구에 의해서도 필요하다는 점을 강조한 바 있다. 하지만 거꾸로 여성의 사회경제적 활동의 증가를 위해서도 사회적 돌봄체계의 강화와 정책적 대응이 필요하다. ILO가 지난 2024년 112차 총회에서 채택한 돌봄경제보고서[18]에서 다시 강조한 바와 같이 전통적으로 여성에게 불균등하게 전담되어온 부불돌봄 노동 (unpaid care work)을 사회적으로 인정(recognize)하고, 성별 간, 계층 간에 균등하게 분배(redistribute)하기 위해서도 국가가 주도성을 행사하는 사회적 돌봄의 강화를 통해 부불돌봄노동을 줄이려는(reduce) 노력이 필요하다. 이와 같은 사회적 돌봄 영역의 확대와 이 과정에서 국가의 역할 강화는 결과적으로 여성이 유급노동(paid work) 영역에서 사회경제적 활동을 강화함으로써 돌봄경제뿐만 아니라 노동시장 전반을 활성화하는 데 강화할 수 있을 것이다.

셋째, 우리나라 기존 돌봄체계의 특수성이라 할 수 있는 파편성과 비효율성의 문제에 대한 대응의 필요성이다. 사회적 돌봄과 사회서비스의 시작부터 민간공급자에 의존해 온 우리나라의 돌봄 정책과 제도들은 관련 비용 부담 책임의 측면에서 사회보험과 일반 재정으로, 운영 책임의 측면에서 각 부처 별로 분산된 수평적 분화뿐만 아니라 중앙부처와 지자체로 이어지는 수직적 분화에 이르기까지 극심한 파편성과 어우러지면서 돌봄과 사회서비스 정책 전반에 걸쳐 비효율성이 가중되고 있는 형편이다.

돌봄 관련 주민 삶의 문제에 대응하기 위한 공공 책임성이 부재한 상황에서 공급자 중심의 파편화된 돌봄 제도 운영체계는 주민 개인에게는 구조화된 돌봄 공백과 이로 인한 삶의 질 하락을, 정치적 맥락에서는 상당한 사회적 자원이 투여됨에도 불구하고 체감도가 낮은 돌봄 정책

---

⑱ ILO. 2024. Decent work and care economy.

의 지속가능성에 의구심을 불러오는 실정이다. 장애인 지원 영역을 제외하고 보육, 요양, 의료 등 주요 돌봄 및 사회서비스 영역에서 OECD 평균에 근접했거나(요양), 이미 넘어선(보육, 의료) 우리나라 공공 사회지출의 규모를 고려했을 때 우리나라의 사회적 돌봄과 사회서비스의 전환은 양적인 차원뿐만 아니라 제도운용과 질적인 측면에서 공공 중심의 획기적인 혁신의 과제를 안고 있다.

넷째, 전지구적 차원에서 진행되고 있는 기후위기라는 시대적 특수성의 영향력 아래 복지국가의 재편 방안으로 돌봄 중심 복지국가의 재편은 중요하게 고려되어야 한다.

20세기 초 자본주의의 안정적인 성장과 함께 전성기를 누려온 복지국가의 분배적 정의는 사실상 인류에게 주어진 공간과 시간, 자원의 한계에 대한 고민 없이 세대 내 계급과 인종, 성별, 지역 차원의 분배적 정의를 중심으로 설계 및 운용되어 왔다고 할 수 있다. 하지만 전지구적 기후위기에 대한 인식은 앞서 언급했던 공간과 시간, 자원의 무한성 가정이 유효하지 않다는 점(ecological limit)을 고려하여 세대 내 분배뿐만 아니라 세대 간 분배적 정의까지도 고려해야 하는 과제를 제기하고 있다.

즉 기후위기 시대에는 지속적인 성장을 가정한 역사적 복지국가(historical welfare state)에서 기후완화복지국가(climate mitigation welfare state)로의 전환을 고려해야 하며 이 과정에서 universal basic service와 같이 통합적 공공 서비스로의 전환을 적극적으로 고려해야 한다는 것이다.[19] 앞서 언급한 돌봄경제는 기후완화복지국가 전환의 주요 과제 가운데 하나인 탈성장의 맥락에서 중요한 의미를 갖는 지역순환경제의 한 사례가 될 수 있다.

돌봄 중심으로 복지국가 재편하기

돌봄 중심으로 복지국가를 재편하는 과업은 몇 가지 과제와 쟁점을 동반한다. 첫째, 돌봄 중심 복지국가 재편에서 공공의 중심성이 강조되어야 한다.

역사적으로 우리나라 돌봄 제도는 서비스의 공급을 민간에 의존해 온 특징을 지니고 있다. 국가는 제도의 운용에 필요한 비용을 지불하는 데 그 역할을 제한해왔고, 이에 더해 민간공급자에 대한 관리감독자의 역할을 자임했지만, 그 역할은 매우 제한적이었다. 앞서 언급한 바와 같이 민간 중심의 전달체계와 이로 인한 제도운용의 파편화와 비효율성은 우리나라 돌봄 정책이 가지고 있는 고질적인 문제이다.

민간 중심성과 연결된 또 하나의 중요한 문제가 돌봄 노동에 대한 사회적 인정의 문제이다. 공급 비용과 이용자의 자격이 정부에 의해 규제

---

[19] Ian Gough, 2017. Heat, greed, and human need. Elgar.

되는 우리나라 돌봄 정책 환경에서 민간 및 시장의 서비스 제공자는 자신의 수익을 안정적으로 확보하기 위해 '최소한으로 적정화된 질'의 서비스를 제공하는 전략을 취하는 경향이 있다. 주어진 비용 체계 안에서 '최소한으로 적정화된 질'을 추구하기 위해 서비스 제공 주체(개인, 영리, 비영리 등)가 취하는 전술은 매우 제한적이며, 서비스 제공과정에서 발생하는 비용의 가장 많은 비중을 차지하는 인건비를 최소화하려는 경향을 취한다.

돌봄을 포함한 사회서비스 영역에서 인건비 절감의 노력은 결과적으로 서비스 제공자의 노동조건 악화를 수반하는 경향이 있다. 이러한 환경에서 양질의 돌봄 노동자를 돌봄 현장으로 유인하기 어려우며, 이는 다시 서비스 질의 악화로 이어진다. 돌봄 노동에 대해 적절한 수준의 사회적 인정을 확보하고, 공급구조에서의 파편성과 비효율성을 극복하기 위해서는 공공이 직접 돌봄 서비스 제공자로 나서는 것이 최소한의 필요조건이다.

둘째, 돌봄이 주민 모두의 보편적 권리의 측면에서 확보되어야 한다. 돌봄의 수요에 대한 논의에서 돌봄에 대한 주민의 권리를 기본권적 측면에서 접근하는 것이 적절하다.

생애주기 어느 시점에서든 누구나 돌봄의 필요에 노출되어 있으며, 적절한 돌봄을 통해 존엄함 삶을 누리는 것은 우리나라 헌법이 보장하는 행복추구권과 인간다운 삶을 보장하려는 사회보장의 맥락에서도 중요한 의미를 갖는다. 돌봄의 수요는 원칙적으로 모든 주민을 잠재적인 이용자로 규정한다. 즉 이용자의 고용상의 지위, 지불 능력, 가족구조 등 인구 사회경제적 특성과 무관하게 돌봄 등 사회서비스를 필요로 하는 누구나 이용자의 권리를 누릴 수 있도록 보편적으로 보장하여야 함을 의미한다. 또한 돌봄 서비스의 직접적인 수혜자가 아니더라도 가족 등 돌봄 이용자의 돌봄을 책임지고 있는 주변인들도 사실상 돌봄 서비스의 수요를 공유하고 있는 사람들이다.

셋째, 돌봄 정책 및 제도에 대해서는 분권적 접근이 필요하다.

앞서 언급한 바와 같이 복지국가의 제도는 크게 두 가지 형태의 급여, 즉 현금급여와 현물급여를 통해 구성되는데, 돌봄과 같은 사회서비스는 전통적으로 대표적인 현물급여에 해당한다. 현금급여와 달리 돌봄은 서비스 제공자와 서비스 이용자의 만남을 필요로 하며, 이 만남으로부터 시작되는 돌봄 서비스의 '거래(transaction)'는 구체적인 공간을 필요로 한다.

현금급여도 물가 수준과 같은 지역적 특성에 따라 급여의 실질적인 효과가 달라지는 경우가 없지 않으나, 일반적으로 지역적 맥락과 환경과 무관하게 급여 수준과 지급 방식이 표준화되어 적용 가능하다. 하지만 돌봄을 주고받는 조건과 환경은 지역적 특성에 따라 상당한 차이를 가져온다. 해당 지역이 가지는 교통인프라의 수준, 인구 규모와 공간적 분포, 의료 및 돌봄 인프라의 현황, 기타 생활 인프라의 수준 등에 따라 돌봄 서비스의 수요와 공급, 그리고 이를 전달하는 방식은 커다란 변화와 적응을 필요로 한다.

이와 같은 이유로 돌봄 관련 제도의 기획과 운용은 중앙정부가 표준적인 접근을 하는 것보다 지방자치단체, 특히 우리나라의 시군구와 같은 기초지방자치단체에 책임과 권한이 주어지는 것이 적절하다. 지자체가 책임지고 돌봄 사회와 이에 수반되는 제도적 장치를 운용하기 위해서는 정치와 행정, 재정 세 요소에 대한 포괄적인 권한과 책임이 지방자치단체에 명확하게 위임되어야 한다. 현재 중앙정부 중심으로 운용되는 조세제도와 재정체계를 고려했을 때 지자체와 지역 차원에서 돌봄 사회를 책임지고 운용하는 데에 필요한 재정 자원의 조달과 관련해서는 중앙정부가 책임지도록 하고, 지방자치단체는 자원의 운용에서부터 돌봄 사회 실현을 위한 제도적 수단의 기획 및 집행에 이르기까지의 일체의 행정적, 정치적 책임을 지고 필요한 권한을 행사하도록 해야 한다.

넷째, 공간의 측면에서 볼 때 지역사회가 가장 중요한 돌봄 공간으로 자리 잡아야 한다. 돌봄에 있어 탈시설은 원리이자 목적이라 할 수 있다. 인권적 측면에서도 탈시설의 원칙을 지향하여야 한다. 돌봄이 필요한 사람 누구나 자신의 의사나 욕구에 반하여 자신의 주거공간과 사회적 관계로부터 단절된 시설이나 병원에 입원하는 일이 없어야 한다.

본인이 원하는 곳에서, 익숙한 사회적 관계를 유지하면서 필요한 사회서비스를 누릴 수 있어야 한다. 커뮤니티 케어는 사실상 이와 같은 지역사회 기반 돌봄의 정책 환경을 구현하기 위한 개념 틀이라 할 수 있다. 여기서 지역사회란 돌봄이 필요한 주민에게 있어 본인의 사회적 관계와 물리적 주거공간이 위치한 근린지역을 의미한다. 결국 주거, 이동, 식사 등 필수적인 일상생활뿐만 아니라 사회적 관계의 형성 및 유지, 주요 돌봄서비스의 제공이 이용자에게 익숙한 공간과 관계로서의 지역사회에서 이루어져야 함을 의미한다.

15.

두 개의 거대한 촛불, 이번엔 회군하면 안 된다.
: 대선공약, 대한민국 2050공론화위원회

최정묵

비영리공공조사네트워크 공공의창 간사
전 국민권익위원회 비상임위원

1. 2017년 촛불, 한국 사회를 바꾸다

2017년 촛불은 한국 사회에 네 가지 중요한 변화를 가져왔다.

첫째, 1987년 민주화 이후 보수에 유리했던 유권자 지형, 이른바 '기울어진 운동장'이 평평해졌다. 교차투표자가 두 배 이상 증가하며, 다양한 정치적 의견이 반영될 수 있는 조건이 만들어졌다.

둘째, 과거 산업화와 민주화 시대에 강조되던 도전적이고 개척적인 국민성은 줄어들고, 복잡한 사회 위기에 민첩하게 적응하고 반응하는 이타적 국민성이 증가하고 있다. 이는 사회적 연대와 협력을 강화할 수 있는 기반을 마련한 중요한 진전이다.

셋째, 법·질서·평등·공정이라는 시대 과제는 능력주의·물질만능주의·합리주의가 만연한 한국 사회에서 한계를 드러냈고, 이러한 한계를 극복하기 위해 연대와 협력이라는 새로운 시대 과제로 궤도를 수정하였다.

넷째, 리더십에 대한 인식도 변화하고 있다. 과거에는 리더를 도전·개혁·통합의 상징으로 여겼지만, 이제는 도전과 개혁은 물론 확실한 성과를 내는 리더가 선호되고 있다. 절대군주와 같은 리더십에 대한 환상은 사라지고, 안정적 생존과 실질적인 성과를 위해 실용적 리더십이 대두되고 있다.

이러한 변화는 한국 사회가 산업화와 민주화라는 시대적 과제를 완수하고, 새로운 방향으로 나아가고 있음을 보여준다. 산업화와 민주화는 사고방식, 가치관, 문제 해결의 틀을 제공하며 한국사회 발전을 이끌었다. 그러나 동시에 사회적 편향, 의사소통의 한계, 권력 독점, 맥락의 의존성과 같은 문제도 남겼다. 과거의 이기적이고 폭력적인 자원 독점, 강압적 리더십의 추종, 단일 목표를 위해 동원하는 방식은 더 이상 유효하지 않다. 이제는 평평한 운동장 위에서 이타적 시민들이 연대와 협력을 통해 문제를 해결하고, 혁신과 성과를 창출하는 시대로 나아가고 있다. 그렇다면, 이러한 변화를 이끈 촛불이 진정으로 원했던 것은 무엇이었을까?

2. 촛불, 공론화와 거버넌스를 통한 사회 대전환을 원하다

1987년 이후 기울어져 있던 유권자 지형을 붕괴시킨 촛불이 요구한 것은 사유화된 공권력의 무관심 속에서 쌓여온 사회문제를 해결하고, 이를 재생산해온 낡고 오래된 사회 시스템을 대전환하는 것이었다. 세대·계층·지역 간 갈등·교육과 의료의 격차·저출생·기후위기 등은 더 이상 방치할 수 없는 문제다.

그러나 촛불이 만들어 낸 변화에도 불구하고, 그 어떤 정치세력도 사회 대전환의 길을 열어주지 않았다. 그 결과 윤석열 정권이 들어섰고, 민주주의는 후퇴했으며, 사회는 점점 더 다양하고 심각한 위험에 노출되는 위험사회로 접어들었다.

촛불은 정치가 그르친 일을 바로 세우기 위해 동원되는 대상이 아니다. 촛불은 모든 권력의 모든 것이다. 때문에 시민을 중심으로 의회·정부·시장·이해관계자들이 함께 참여하는 거버넌스가 필요하다. 거버넌스는 각종 사회문제를 한데 모아 공론화 과정을 통해 숙의하고 토론하며, 개선된 의사결정을 책임 있게 만들어 내는 제도적 틀이어야 한다. 그렇지 못한 상황에서 의료대란이라는 대표적 상황을 경험하고 있다. 사회문제를 지속 가능하고 효과적인 방법으로 해결해야 한다. 촛불은 과거를 넘어서 한국 사회의 새로운 방향과 가능성을 제시하고 있다. 이제는 촛불이 요구하는 사회 대전환을 실현할 구체적인 제도와 실천이 필요하다.

3. 이번엔 회군하면 안 된다, 대선을 거대한 공론장으로 만들자

2024년 12월 14일 대통령 윤석열은 국회에서 탄핵되어 직무가 정지되었다. 2025년 1월 15일 체포되었다. 2024년 촛불은 2017년 촛불의 경험을 되풀이하면 안 된다. 내란에 대한 투명하고 엄정한 수사와 대통령 파면 결정은 사법기관과 헌법재판소에 맡기고, 촛불은 한 걸음 더 나아가야 한다. 멀지 않은 시점에 촛불의 자리를 국회 잔디광장으로 옮겨야 한다.

2017년 광화문 촛불이 박근혜 전 대통령의 탄핵과 파면 이후 회군했고, 사회 대전환의 기회를 상실했다. 2017년 당시 4050대를 중심으로 했던 광화문 촛불은 민주화운동과 경제성장을 경험하며 사회 변화의 가능성을 믿었던 세대였다. 이들은 광화문 광장의 넓은 공간에서 대중적 참여와 사회 변혁의 신념으로 불의와 불공정에 저항했다.

반면에 2024년 윤석열 탄핵을 주도한 빌딩 숲속 2030세대의 여의도 촛불은 위 세대의 경험 및 신념과 달리 사회 시스템의 점진적 변화를 지향하는 세대다. 이들은 직면한 현실 문제 해결을 위해 연대와 협력을 기반으로 한 다양하면서도 실효성 있는 크고 작은 실천들을 촛불집회 과정에서 조직하고 했다.

이 두 촛불은 필시 연대와 협력이라는 가치를 구현할 구체적인 거버넌스와 공론화를 통한 사회 대전환을 지금도 요구하고 있다. 이번만큼은 반드시 실현해야 한다. 미완의 개혁으로 이어지지 않도록 해야 한다. 대통령 탄핵은 끝이 아니라 시작이어야 한다. 사회 대전환을 위한 지속 가능한 시민의 참여가 제도적으로 보장되어야 한다.

작년 12월 19일 전국 성인 남녀 500명을 대상으로 한 핸드폰 조사 결과는 이를 뒷받침한다. 12월 3일 촛불집회를 주도했던 시민들의 역할에 대해 응답자의 67%는 '민주주의의 안정적 정착과 사회적 개혁을 위해 시민들의 지속적인 참여와 감시가 필요하다'고 답했다.

이는 정치적 문제를 해결한 데 그치지 않고, 민주주의의 진전을 위해 시민들이 중요한 역할을 해야 한다는 공감대를 보여준다. 또한, '차기 정부의 역할과 과제를 국민이 토론하고 결정하여 정치권에 제시해야 한다는 주장'에 대해 응답자의 73%가 동의했다. 이는 국민이 새로운 정부의 방향을 설정하는 주체적 역할을 맡아야 한다는 인식을 반영한다.

국회의장은 다가올 대선 전 혹은 대선 기간 국회 앞 잔디광장을 시민에게 공론의 장으로 내어주어야 한다. 이를 통해 국민과 정치권이 함께 토론하고 협력하며 사회 대전환의 구체적인 방향을 만들어가야 한다.

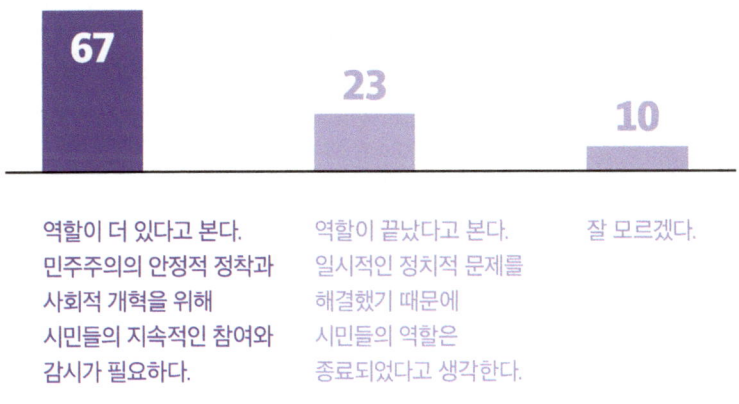

Q. 귀하는 국회 앞에서 집회를 주도한 시민들의 사회적 역할이 끝났다고 보십니까? 아니면, 역할이 더 있다고 보십니까? (%)

67 역할이 더 있다고 본다. 민주주의의 안정적 정착과 사회적 개혁을 위해 시민들의 지속적인 참여와 감시가 필요하다.

23 역할이 끝났다고 본다. 일시적인 정치적 문제를 해결했기 때문에 시민들의 역할은 종료되었다고 생각한다.

10 잘 모르겠다.

Q. 귀하는 여야 대선 후보를 불문하고 차기 정부가 어떤 역할과 과제를 해야 되는지. 국민이 토론하고 결정하여 정치권에 제시해야 한다는 주장에 대해 어떻게 생각하십니까? (%)

73	20	7
동의한다. 국민들이 새로운 정부의 역할과 과제에 대해 토론하고 결정하여 정치권에 제시하는 것은 민주주의 실현과 국민 목소리를 반영하는 데 중요한 역할을 한다.	동의하지 않는다. 정부의 역할과 과제는 국민의견을 참고는 하되, 전문성과 정책적 논의를 바탕으로 정치권에서 주도적으로 결정하는 게 바람직하다.	잘 모르겠다.

새로운 대한민국을 위한 새로운 사회계약 대선공약으로 '대한민국 2050 공론화위원회'를 제안한다.

같은 조사에서 '사회, 경제, 민생 문제를 해결하기 위해 입법부, 사법부, 행정부가 함께 대한민국 2050 공론화위원회를 공동 구성하는 방안'을 묻는 질문에 응답자의 62%가 동의했다. 이는 비상한 시국에서 연대와 협력을 통해 문제를 해결하는 것이 바람직하다는 국민적 공감대를 보여준다.

대한민국은 중대한 전환점에 서 있다. 정치와 경제의 위기가 교차하는 이 시점에서 국가 대개조를 위한 중장기 전략 수립이 그 어느 때보다 중요하다. 때문에 '대한민국 2050 공론화위원회' 설립이 필요하다. 본 위원회는 체계적이고 통합적인 논의를 통해 대한민국의 미래를 설계할 수 있을 것이다.

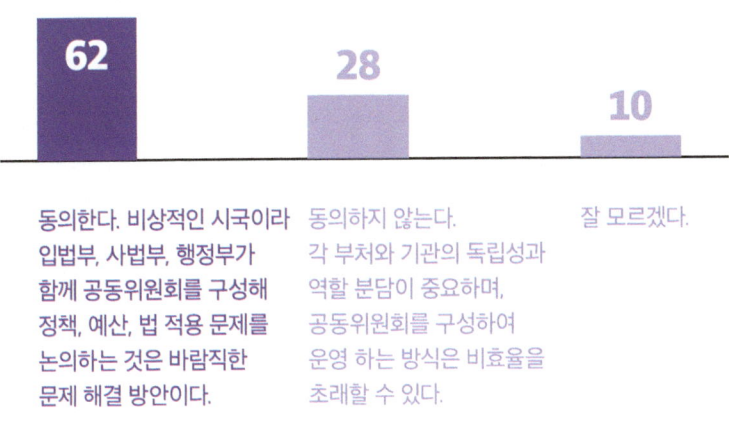

Q. 사회/경제/민생문제 등을 해결하기 위해, 입법부와 사법부와 행정부가 공론화위원회를 공동구성하여, 정책/예산/법적용 등의 해결방안을 논의하고 합의하는 것에 대해 어떻게 생각하십니까? (%)

62 동의한다. 비상적인 시국이라 입법부, 사법부, 행정부가 함께 공동위원회를 구성해 정책, 예산, 법 적용 문제를 논의하는 것은 바람직한 문제 해결 방안이다.

28 동의하지 않는다. 각 부처와 기관의 독립성과 역할 분담이 중요하며, 공동위원회를 구성하여 운영 하는 방식은 비효율을 초래할 수 있다.

10 잘 모르겠다.

2050년을 향한 대한민국의 미래는 공론화와 거버넌스에 기반해야 한다. 본 공론화위원회는 입법부·사법부·행정부가 협력해 합의된 쟁점을 도출하고, 이를 해결하기 위한 제도·정책·예산을 체계적으로 준비해야 한다. 향후 5년에 한 번씩 본 공론화위원회 활동을 기획하고 매년 성과를 점검하며, 지속 가능한 발전을 위한 논의를 이어가는 구조로 완성되어야 한다.

본 공론화위원회의 공동위원장은 대통령·국회의장·대법원장이 맡고, 국무총리와 여야 원내대표가 부위원장으로 참여해 실질적 의사결정을 책임져야 한다. 경제와 정치, 사회적 신뢰 회복을 위한 다양한 산하기구운영도 필요하다.

'경제 24개월 위기대응위원회'는 2025~2026년 경제 위기를 극복하기 위한 여야정 합의를 도출할 것이다. '국민주권 노사정위원회'는 모든 논의를 실시간 방송으로 공개해 책임성과 공공성을 강화할 것이다. '개헌 및 정치발전위원회'는 개헌안과 정치개혁안을 최종 합의까지 지원할 것이다. '고해성사·용서와 화해위원회'는 현행법으론 불가능한 기업과 산업계의 불법적 관행을 고백하고 개선하여 사회적 신뢰를 회복할 것이다.

본 공론화위원회 산하에 18개의 분과위원회는 각 부처를 기준으로 구성되며, 법안·예산안·정책안을 마련하기 위한 단계적 절차를 밟는다. 100대 주요 합의 쟁점, 전체적으론 약 1,800개의 합의 쟁점을 도출하고 이를 국민보고서에 담아야 한다. 새로운 정부가 5년 동안 해야 할 업무를 시기별 일정표로 정리해야 한다. 위원회의 최종 보고가 완료되면 입

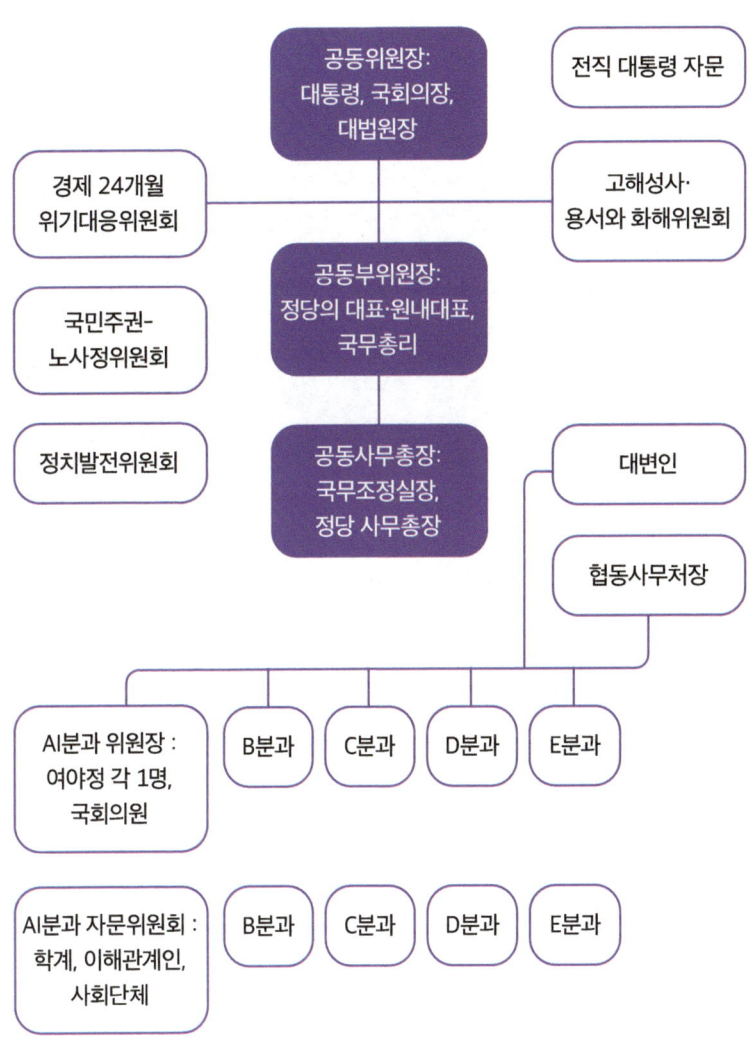

법부·행정부·사법부는 각각 '2050 이행 관리위원회'를 구성해 실질적인 실행력을 확보해야 한다.

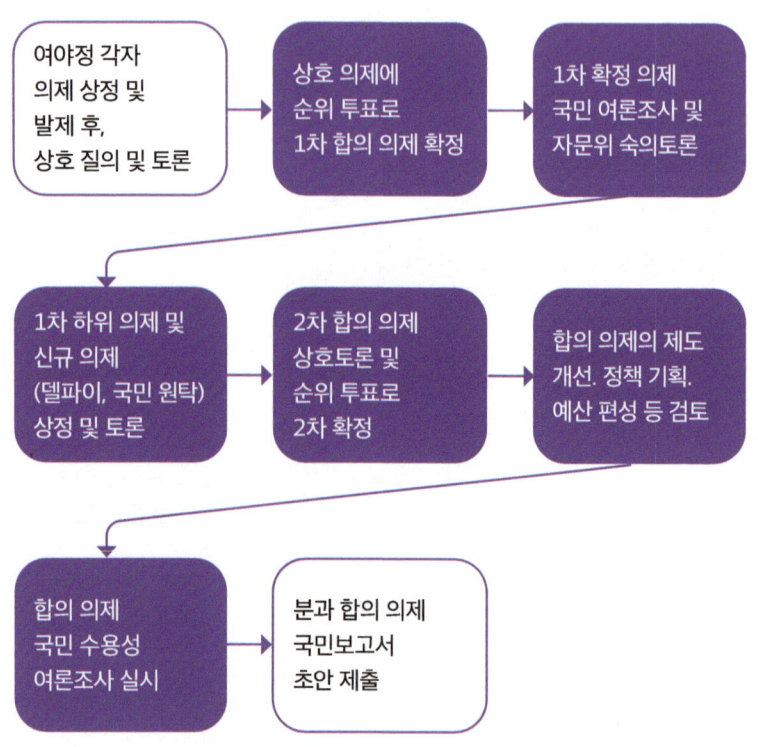

5. 우리 모두는 민주비 democracy bee가 되어야 한다

민주비는 민주주의와 꿀벌의 특성을 결합한 개념으로 의사결정 과정에서 모든 구성원이 협력하고 참여하며 집단지성을 발휘하는 민주주의의 새로운 모델이다.

민주비는 서로를 위해 희생할 줄 알고, 영리하며, 한국 사회 대전환을 만들 주권자이다. 여왕벌과 같은 지배자가 없다는 점에서 민주비는 모든 구성원이 평등하게 의견을 나누고 결정에 참여하며, 협력과 이타심, 적응력을 통해 변화하는 환경에 유연하게 대처한다. 또한, 벌집을 재건하고 확장하는 과정에서 각자의 역할을 다하고, 공동체 전체의 생존과 번영을 최우선으로 여긴다. 이러한 특성은 대한민국의 연대와 협력을 실현에서도 중요한 방향을 제시한다.

민주비는 대한민국의 현 정국에서 윤석열 대통령의 처벌에 그치지 않고, 피해자인 국민의 상처를 치유하고, 함께 미래를 준비해야 한다.

가해자의 처벌은 충분히 하되 이는 시작에 불과하며, 피해자의 회복이야말로 사회가 다시 앞으로 나아가는 데 필수적인 과정이다. 불탄 숲을 재건하려면, 불을 지른 사람을 처벌하는 것만으로는 부족하다. 상처 입은 땅을 치유하고 나무를 심는 일이 더 중요하다. 가해자는 사건에서 떠나지만, 피해자는 그 사건 속에서 계속 살아가야 한다.

민주비는 응징하는 데 그치는 것이 아니라, 피해자의 삶을 회복시키고 공동체가 다시 살아갈 힘을 얻도록 도와야 한다. 우리는 꿀벌처럼 협력과 이타심으로 상처 입은 공동체를 돌보고, 더 나은 미래를 준비해야 한다. 회복을 위한 연대와 협력은 모두가 함께 살아가는 대한민국의 새로운 출발점이 되어야 한다. 그래서 이번에는 절대 회군해서는 안 된다.

일곱번째나라 .LAB

일곱번째나라LAB,
여러분의 **희망 엔진**이 되겠습니다

일곱번째나라LAB은
정부나 기업의 출연금 없이 설립된
독립 연구소입니다.
시민의 자발적인 참여와 후원으로
운영되는 열린 연구소입니다.
시민과 전문가, 시민단체, 연구소들과
협력하는 대안 연구소입니다.
진보적 담론을 정치와 연결하는
미래 연구소입니다.

1판 2쇄	2025년 1월 31일
지은이	일곱번째나라LAB
펴낸이	장병인
출판기획	일곱번째나라LAB
	고성경 김수연
디자인·편집	HOW'S CONSULTING
제작지원	정소현 안웅비
제목활자	AG초특태고딕, Sandoll 고딕
본문활자	SD 라바
펴낸곳	싱크 앤 하우스
출판등록	2017년 4월 24일 제2017-000105호
주소	서울시 마포구 와우산로18길30, 2층
전화	02-3143-3670 팩스 02-3143-3671
전자우편	syncnhows@gmail.com
홈페이지	http://syncnhows.com
ISBN	ISBN 979-11-974233-8-3

이 도서의 국립중앙도서관 출판예정도서목록(CIP)은 서지정보유통지원시스템 홈페이지
(http://seoji.nl.go.kr)와 국가자료종합목록 구축시스템(http://kolis-net.nl.go.kr)에서
이용하실 수 있습니다.